SUPERVISORES DE ESTÁGIO
DESVENDANDO HORIZONTES FORMATIVOS

Editora Appris Ltda.
1.ª Edição - Copyright© 2024 da autora
Direitos de Edição Reservados à Editora Appris Ltda.

Nenhuma parte desta obra poderá ser utilizada indevidamente, sem estar de acordo com a Lei n° 9.610/98. Se incorreções forem encontradas, serão de exclusiva responsabilidade de seus organizadores. Foi realizado o Depósito Legal na Fundação Biblioteca Nacional, de acordo com as Leis n°s 10.994, de 14/12/2004, e 12.192, de 14/01/2010.

Catalogação na Fonte
Elaborado por: Dayanne Leal Souza
Bibliotecária CRB 9/2162

M152s
2024
	Maciel, Emanoela Moreira
	   Supervisores de estágio: desvendando horizontes formativos / Emanoela Moreira Maciel. – 1. ed. – Curitiba: Appris, 2024.
	   153 p. : il. color. ; 21 cm. – (Coleção Educação, Tecnologias e Transdisciplinaridades).
	
	   Inclui referências.
	   ISBN 978-65-250-6766-7
	
	   1. Estágio supervisionado. 2. Aprendizagens docentes. 3. Professor supervisor. 4. Experiência supervisiva. 5. Narrativas. I. Maciel, Emanoela Moreira. II. Título. III. Série.
	
	                                                                                 CDD – 370.71

Livro de acordo com a normalização técnica da ABNT

Appris
 editora

Editora e Livraria Appris Ltda.
Av. Manoel Ribas, 2265 – Mercês
Curitiba/PR – CEP: 80810-002
Tel. (41) 3156 - 4731
www.editoraappris.com.br

Printed in Brazil
Impresso no Brasil

Emanoela Moreira Maciel

SUPERVISORES DE ESTÁGIO
DESVENDANDO HORIZONTES FORMATIVOS

Appris
editora

Curitiba, PR
2024

FICHA TÉCNICA

EDITORIAL Augusto Coelho
Sara C. de Andrade Coelho

COMITÊ EDITORIAL
Ana El Achkar (Universo/RJ)
Andréa Barbosa Gouveia (UFPR)
Antonio Evangelista de Souza Netto (PUC-SP)
Belinda Cunha (UFPB)
Délton Winter de Carvalho (FMP)
Edson da Silva (UFVJM)
Eliete Correia dos Santos (UEPB)
Erineu Foerste (Ufes)
Fabiano Santos (UERJ-IESP)
Francinete Fernandes de Sousa (UEPB)
Francisco Carlos Duarte (PUCPR)
Francisco de Assis (Fiam-Faam-SP-Brasil)
Gláucia Figueiredo (UNIPAMPA/ UDELAR)
Jacques de Lima Ferreira (UNOESC)
Jean Carlos Gonçalves (UFPR)
José Wálter Nunes (UnB)
Junia de Vilhena (PUC-RIO)

Lucas Mesquita (UNILA)
Márcia Gonçalves (Unitau)
Maria Aparecida Barbosa (USP)
Maria Margarida de Andrade (Umack)
Marilda A. Behrens (PUCPR)
Marília Andrade Torales Campos (UFPR)
Marli Caetano
Patrícia L. Torres (PUCPR)
Paula Costa Mosca Macedo (UNIFESP)
Ramon Blanco (UNILA)
Roberta Ecleide Kelly (NEPE)
Roque Ismael da Costa Güllich (UFFS)
Sergio Gomes (UFRJ)
Tiago Gagliano Pinto Alberto (PUCPR)
Toni Reis (UP)
Valdomiro de Oliveira (UFPR)

SUPERVISORA EDITORIAL Renata C. Lopes
PRODUÇÃO EDITORIAL Daniela Nazario
REVISÃO José Ramos
DIAGRAMAÇÃO Andrezza Libel
CAPA Daniela Baum
REVISÃO DE PROVA Sabrina Costa

COMITÊ CIENTÍFICO DA COLEÇÃO EDUCAÇÃO, TECNOLOGIAS E TRANSDISCIPLINARIDADES

DIREÇÃO CIENTÍFICA Dr.ª Marilda A. Behrens (PUCPR) Dr.ª Patrícia L. Torres (PUCPR)

CONSULTORES Dr.ª Ademilde Silveira Sartori (Udesc) Dr.ª Iara Cordeiro de Melo Franco (PUC Minas)

Dr. Ángel H. Facundo
(Univ. Externado de Colômbia)

Dr. João Augusto Mattar Neto (PUC-SP)

Dr.ª Ariana Maria de Almeida Matos Cosme (Universidade do Porto/Portugal)

Dr. José Manuel Moran Costas (Universidade Anhembi Morumbi)

Dr. Artieres Estevão Romeiro
(Universidade Técnica Particular de Loja-Equador)

Dr.ª Lúcia Amante (Univ. Aberta-Portugal)

Dr. Bento Duarte da Silva
(Universidade do Minho/Portugal)

Dr.ª Lucia Maria Martins Giraffa (PUCRS)

Dr. Claudio Rama (Univ. de la Empresa-Uruguai) Dr. Marco Antonio da Silva (Uerj)

Dr.ª Cristiane de Oliveira Busato Smith
(Arizona State University /EUA)

Dr.ª Maria Altina da Silva Ramos
(Universidade do Minho-Portugal)

Dr.ª Dulce Márcia Cruz (Ufsc) Dr.ª Maria Joana Mader Joaquim (HC-UFPR)

Dr.ª Edméa Santos (Uerj) Dr. Reginaldo Rodrigues da Costa (PUCPR)

Dr.ª Eliane Schlemmer (Unisinos) Dr. Ricardo Antunes de Sá (UFPR)

Dr.ª Ercilia Maria Angeli Teixeira de Paula (UEM) Dr.ª Romilda Teodora Ens (PUCPR)

Dr.ª Evelise Maria Labatut Portilho (PUCPR) Dr. Rui Trindade (Univ. do Porto-Portugal)

Dr.ª Evelyn de Aimeida Orlando (PUCPR) Dr.ª Sonia Ana Charchut Leszczynski (UTFPR)

Dr. Francisco Antonio Pereira Fialho (Ufsc) Dr.ª Vani Moreira Kenski (USP)

Dr.ª Fabiane Oliveira (PUCPR)

Amor e gratidão à minha família, por inteiro. Em especial, aos meus pais, irmãos, ao meu marido, James, e a meus filhos, Maria Lua e Miguel Anjo, meus alicerces indestrutíveis.

AGRADECIMENTOS

Gratidão é, para mim, o estado iluminado de agradecer. É a gratificação livre de obrigações. É o reconhecimento das graças alcançadas. É a superação de "estar obrigado a". Quando alcanço a gratidão, para sempre estou envolvida pelo afeto, pelos sentimentos e pela emoção com que estas pessoas marcaram a minha vida. O que sinto, então, é gratidão.

Gratidão a Deus, por, entre bilhões de pessoas, ter designado a mim para viver essa vida da forma como estou vivendo. Eu não ousaria mudar um risco do que Ele planejou para mim.

Gratidão aos meus pais, José Emanoel da Rocha Maciel e Maria Estela Moreira Maciel, por nunca terem medido esforços para me manter na trilha formativa (espiritual, moral, acadêmica, entre outras dimensões da formação humana).

Gratidão aos meus irmãos, Nayara Moreira Maciel e Naylson Moreira Maciel, por serem meus parceiros incondicionais e por me mostrarem que distância geográfica nunca é maior que o laço fraterno.

Gratidão ao meu James Carvalho Medeiros, por ser meu amor, por encarar todos os desafios da vida ao meu lado e por me ter dado os maiores amores da minha vida.

Gratidão aos meus filhos, Maria Lua Maciel Medeiros e Miguel Anjo Maciel Medeiros, por serem minha força propulsora de vida, meus amores e meus porquês.

Gratidão à família que o James me deu: seus pais, irmãos e cunhados, por me receberem de forma tão acolhedora.

Gratidão aos meus amigos da vida, por entenderem minhas ausências ao tempo que sempre estão firmes comigo.

Gratidão aos meus professores de toda a vida, por me ensinarem e me inspirarem.

Gratidão aos meus alunos, por me fazerem acreditar, todo o dia, que a Educação é o caminho e me permitirem viver plenamente a docência.

Gratidão ao IFPI, por ser minha morada profissional e me possibilitar vivenciar tantas facetas da docência.

Gratidão a todos e todas que, ainda que não mencionados aqui, contribuíram com a construção desta obra.

Existir, humanamente, é pronunciar o mundo, é modificá-lo. O mundo pronunciado, por sua vez, se volta problematizado aos sujeitos pronunciantes, a exigir deles um novo pronunciar.

(Paulo Freire)

PREFÁCIO

A leitura do livro da Emanoela nos lança rumo a um horizonte sobre o qual nos achávamos conhecedores(as) de todos os caminhos, dificuldades e elementos: a formação de professores(as). De maneira inesperada, ela soube encontrar um estreito que estava bem ao lado daqueles que habitam o universo da Educação e da formação de professores, mas permanecia como um espaço invisível, esperando para ser provocado e instigado. Se não era um aspecto desconhecido, ao menos, precisava ter suas *nuances* revistas e atualizadas por novas ferramentas teóricas e práticas.

Com rigor acadêmico e sensibilidade aguçada, a autora soube apanhar revelações e reflexões que nascem e renascem no processo de formar e ser professor(a) na experiência construída por aqueles(as) profissionais que se dedicam à supervisão de estágio nos cursos de licenciatura. O estágio, um momento especial do processo formativo, composto de um triângulo de saberes e vivências no campo da educação escolar e sustentado por três sujeitos: o que ensina, o que aprende e o que acompanha e analisa a relação. Da perspectiva de seus vértices, cada um desses sujeitos articula saberes, práticas, experiências e expectativas que ora se confirmam, ora se contradizem e, na maioria das vezes, se questionam.

Emanoela direcionou as luzes de sua cartela de práxis científica e acadêmica para os(as) professores(as) que supervisionam o estágio. Aquele que se posiciona entre os dois momentos da formação docente: o que habita o chão da sala de aula cotidianamente e o aprendiz que se prepara para um dia chegar àquele local, ou melhor, àquele lócus.

Munida de coragem e de um arcabouço teórico construído vigorosamente em suas duas formações acadêmicas, Pedagogia e Psicologia, a autora optou pela narrativa como método de pesquisa, com o reconhecimento de que, para manejá-la, requer-se sólido conhecimento pedagógico e muita sensibilidade acadêmica e metodológica.

No resultado do trabalho, ela demonstra o domínio que acumulou nesse campo construído nos largos anos em que atua como professora em diversas redes e níveis de ensino. Acresce uma fundamentação teórica resistente que nos traz desde Walter Benjamim, Dewey, Paulo Freire, Nóvoa, Ibernóm e tantos outros bons autores e algo de psicologia prática que coloca no jogo com muita sutileza, mas de maneira marcante e decisiva. As narrativas são trabalhadas em duas técnicas independentes e complementares, o memorial escrito e as rodas de conversa, tudo conduzido como diz o poeta, "como quem pisa nos astros distraída". Nesse aspecto, revela-se a astúcia da professora/pesquisadora, quando nos presenteia com uma aula completa de como construir uma pesquisa fundamentada em narrativas, utilizando-se daquelas ferramentas sem cair na superficialidade que, com muita frequência, aparece em trabalhos que fazem essa opção de análise. Ao contrário, com a profundidade e complexidade que o método requer, ela encaixa com precisão os conceitos e as categorias, dando sentido a cada fala, sentimento e visão de mundo que vão sendo expostas pelos(as) seus(suas) entrevistados(as).

O(a) supervisor(a) de estágio, enquanto observador(a) da experiência de construção e aprendizagem alheia, também remete o foco da reflexão na direção de sua vida de professor(a), destacando as lacunas que ainda existem em sua própria formação. E Emanoela conduz tudo com muita honestidade profissional e acadêmica, abrindo o diálogo e relatando o quanto, na condição de pesquisadora, suas práticas foram sendo afetadas pelas narrativas de suas investigadas. A certa altura do texto, ela afirma claramente de que maneira sua memória é ativada. Da mesma forma, eu afirmo que ao ler o livro as minhas também foram tocadas. E você, leitor(a), prepare-se: as suas reflexões, seus encantos e desencantos e suas fragilidades também serão acionados.

É isso que há de mais rico neste livro. Ele transforma a leitura num momento especial de ativação de nossos arquivos subjetivos e nos encaminha, de maneira inesperada, a fazer um exercício silencioso de qualificação de nossas próprias experiências, tanto como educadoras quanto como aprendizes. Os sujeitos de sua pesquisa fazem isso: reconstroem suas experiências de maneira orgânica e autônoma num movimento pendular de dentro para fora e de fora para dentro, fazendo brotar subjetividades, intencionalidade, frustações, enfim, vidas que se fazem na profissão docente. A viagem sobre experiências fica emocionante porque, como ela mesma define em seu texto, são formadas por "narrativas nas quais os sujeitos falam para si, sobre si e consigo mesmos". É tudo tão simples que parece fácil, mas percebe-se o esforço de Emanoela em trabalhar a matéria árdua da reflexão e da expansão do pensamento e das ideias que habitam corpos de pessoas de carne e osso, que pisam no chão e que têm uma vida real.

No repertório de ser professor(a) há muito que se aprende, há outro tanto que se ensina, mas tem algo que somente poderá ser apreendido por aquele(a) que pisa em uma sala de aula, que compreende que existe um saber que mora ali, e tanto a ciência quanto a arte para compreendê-lo terá que ir onde ele está. Esse é o grande mérito deste trabalho, sentir o pulso, o coração e as ideias que habitam as pessoas em nossas escolas. Compreender que valores e afetos esses atores concedem à atividade que lhes garante a existência material e, muito mais do que isso, fazem com que sejam o que são ou o que somos, sujeitos que têm memórias e requalificam vivências.

E para que essas vivências não se transformem num fazer automático, permeado de frustrações e rotinas, é que se torna necessária a construção de significados. É isso que aprendemos com esta obra que, pelo ineditismo de sua abordagem, merece ser conhecida por todos aqueles e aquelas que optaram pela docência não por vocação, sacerdócio ou necessidade, mas por uma escolha consciente e corajosa.

Prof.ª Dr.ª Sádia Gonçalves Castro
Jornalista, doutora em Antropologia e Educação, mestre em Educação Ambiental e professora pesquisadora do Instituto Federal de Educação, Ciência e Tecnologia do Piauí

SUMÁRIO

INTRODUÇÃO 19

I
NA TRAMA DOS PRINCÍPIOS CIENTÍFICOS PERCORRENDO VEREDAS 31
A Pesquisa Qualitativa 32
A Narrativa Autobiográfica como Método de Pesquisa 34
Técnicas de Produção dos Dados: produzir-se sujeito da/na pesquisa 37
O Memorial 37
As Rodas de Conversa 39
Campo e Interlocutores da Pesquisa 44
Tratamento e Análise de Dados: o processo de compreensão dos relatos narrativos 49

II
O ESTÁGIO SUPERVISIONADO NA FORMAÇÃO DOCENTE E O PROCESSO DE SER PROFESSOR 53
Eixo 1: Professor Supervisor e seu Trajeto Formativo 55

III
APRENDIZAGENS DOCENTES E EXPERIÊNCIA PROFISSIONAL: CONEXÕES ESTABELECIDAS NO INÍCIO DA CARREIRA E NA PARELHA UNIVERSIDADE-ESCOLA 81
Eixo 2: Aprendizagens Docentes Produzidas na Experiência Profissional 85

IV
CONCATENAÇÕES ENTRE SUPERVISÃO DE ESTÁGIO E APRENDIZAGENS DOCENTES 103
Eixo 3: A Experiência Supervisiva como Fonte de Aprendizagem Docente 105

V
SUPERVISÃO DE ESTÁGIO, REFLEXÃO E RESSIGNIFICAÇÃO DA PRÁTICA EM ENTRECRUZAMENTO 117

Eixo 4: A Supervisão de Estágio como Experiência de Reflexão e Redirecionamento da Prática 118

REFLEXÕES FINAIS 137

REFERÊNCIAS 145

INTRODUÇÃO

> *Já tinha parado a chuva e Clara Luz estava louca que a Gota voltasse. Felizmente a Fada-Mãe veio com uma novidade:*
> *– Minha filha, hoje vem uma professora nova. Você vai ter a sua primeira aula de horizontologia.*
> *– O que é isso?*
> *– É saber tudo sobre o horizonte. As crianças lá da Terra aprendem Geografia. As fadas aprendem horizontologia.*
> *– Acho que vou gostar dessa aula – disse Claro Luz.*
> (Almeida, 2007, p. 22)

Inicio este livro com base na narrativa de Almeida (1985) e na questão levantada por Clara Luz em *O que é isso?*, situando-a no contexto da discussão sobre a educação, particularmente na formação de professores que, na atualidade, requer considerar as profundas e incessantes transformações que reencaminham valores morais, concepções de sociedade, cultura, escola e, ainda, as relações intra e interpessoais.

Essas circunstâncias exigem do professor uma postura ativa, crítica, autônoma e de compromisso com o trabalho docente, e ainda o reconhecimento de um cenário incerto, imprevisível e complexo no qual desenvolve a atividade docente.

O viés formativo do professor precisa direcionar a ações que visem à reflexão crítica e à construção do conhecimento sobre o ensino, alicerçado na "teorização prática". Por esse termo, admito a aprendizagem da teoria na e pela prática, por parte do professor, como um *continuum*, por meio de processos investigativos, da participação efetiva em situações típicas da docência, na disponibilidade de se reconhecer em constante formação e da autopermissão de aprender sempre.

No vasto campo de estudos acerca da formação de professores, foco meu olhar na ação formativa do Estágio Supervisionado, na condição de espaço fecundo de aprendizagens para o professor em formação. É importante frisar que tomei como professor em formação os que se consideram inacabados e dispostos a continuar sua trilha formativa. O estágio, sob esse ponto de vista, se configura em possibilidade de formação a todos que o vivenciam: licenciandos e licenciados.

Na vivência do Estágio Supervisionado, o aluno-professor vive experiências e lida com situações específicas da sala de aula, confrontando-as com aprendizagens do curso de formação. Sob a orientação do professor titular da Escola-Campo de estágio, doravante supervisor, o estagiário pode refletir sobre as especificidades da docência, ampliar suas aprendizagens e aprender na e pela experiência prática.

Mas há que se entender a perspectiva desse professor supervisor: em sua relação com o estagiário, pode refletir sobre sua prática, resgatar aspectos de sua própria formação inicial, contatar atualizações metodológicas e teóricas, fazendo do estágio seu próprio campo de formação permanente. A supervisão, conforme García (1992), consubstancia-se por um conjunto de atividades destinadas a refinar habilidades e saberes, capazes de suscitar nos professores processos dinâmicos de formação e autoformação.

O estágio permite, sob essa perspectiva, a interlocução entre três figuras: aluno estagiário, professor supervisor (titular da sala de aula que acolhe o estagiário) e professor da instituição de formação.

> A relação entre as duas primeiras e as aprendizagens docentes dos supervisores que dela emergem são nosso enfoque neste livro.

Diante disso, torna-se importante desenvolver uma reflexão mais detalhada acerca do Estágio Supervisionado, tomando-o como possibilidade de aprendizagens docentes para os professores supervisores, a partir do compartilhamento de experiências entre estes e os alunos estagiários. Moura (1999) reforça essa ideia ao afirmar que o estágio pode ser um espaço no qual a troca de saberes entre professor e estagiário se reflete em experiências ricas e significativas para ambos.

Vislumbrei o Estágio Supervisionado como momento importante para professores e alunos desenvolverem reflexões acerca de suas práticas e de suas aprendizagens, visto que essa atividade admite diálogo pedagógico entre o professor supervisor e o aluno de Licenciatura, de modo que o compartilhamento de saberes se torna uma constante. Assim, essa ação formativa permite aos alunos de Licenciatura a percepção das demandas da prática, a imersão teórico-prática, a integração das disciplinas que compõem o currículo acadêmico, entre outras vivências importantes da docência.

> Mas que aprendizagens o Estágio Supervisionado propicia a esse professor que, em sala de aula, recebe o aluno estagiário e o supervisiona em sua prática formativa?

Essa é uma questão que nos instiga a rememorar meu próprio processo formativo de aluna da Licenciatura à professora da disciplina Estágio Supervisionado em cursos de Licenciatura. Ilustro, nas linhas que seguem, em formato de poema, esse percurso:

Ode à (minha) vida

Na brincadeira de criança,
a docência começou a ser mostrada
A porta do guarda-roupa usada como quadro
Infinitos sonhos de professora possibilitava.
Ainda na infância,
por falta de alunos não se fez de rogada
Formou uma turminha cheia de urso e boneca
Com eles iniciou sua prática, mas ainda não refletia sobre ela.

Quando cresceu, lhe motivou a escolha da profissão
Era para professora que queria sua formação
As dificuldades desse caminho não se mostraram coibição.

Sendo licencianda fez o estágio, mas sozinha não entendia
Por que era supervisionado, se supervisão não existia?
Faltava o professor da instituição de formação,
Faltava o professor supervisor.
Assumia como titular da sala,
Mesmo não sabendo para que lado ia.

A formatura aconteceu e outra oportunidade apareceu
Era hora de vivenciar o estágio de novo,
Mas do lado de quem já o venceu.

Recebeu alunos estagiários em sua sala de aula
E com eles entendeu
Que na docência se ensina muito
Mas se aprende tal qual num ateneu.

As experiências não cessavam aí
E professora de instituição formadora se tornou
Uma terceira posição no estágio fluiu
E sua aprendizagem com ela só se revigorou.

De ouvidos abertos, pôde escutar seus alunos
Encantados ou angustiados com o estágio
Relatarem seus feitos.
E teve certeza que aquele espaço estava longe de ser perfeito.
O estágio precisava ser estudado
E sua configuração aprimorada
Entretanto isso é um processo
Pois é nessa sua humana imperfeição
Que a aprendizagem é notada.

Daí surgiu uma pesquisa de Mestrado
Muitas respostas apareceram
Mas outras perguntas instigaram o Doutorado.

E os professores supervisores?
Como se sentem com os estagiários?
Aprendem com eles alguma novidade?
Ou não entendem os significados?

E com essas questões pertinentes.
Termino estas linhas
Mas inicio uma aventura
Com aprendizagens sem precedentes.

Depois de contar essa breve história, ressalto que o estágio tem se constituído como alvo de questionamentos e reflexões no que se refere à sua estruturação, às possibilidades de experiências práticas e aos desafios que aparecem nessa ação formativa. Reconheço a potência desta atividade, embora admita que ela carece de estudos e de (re)estruturações.

Na pesquisa em nível de Mestrado, busquei investigar as contribuições do Estágio Supervisionado para a construção do saber ensinar, sob a visão dos discentes do curso de Pedagogia. Constato que o Estágio Supervisionado é fundamental na formação do pedagogo, uma vez que se constitui espaço de investigação da prática, de articulação teoria/prática e mobilização, construção e reconstrução de saberes. É, portanto, indubitável a relevância dessa ação formativa para o professor em formação inicial.

À época do desenvolvimento do estudo em referência, surgiram questões, principalmente no tocante à relação que se estabelece entre o estagiário e o professor supervisor de estágio. Um dos achados da pesquisa revela as aprendizagens fundamentais que os estagiários desenvolvem nessa relação. Entretanto, considerando a relação dialética que se consolida no contexto do estágio e a "[...] aprendizagem como processo de desenvolvimento muito associado aos processos sociais da instituição escolar" (Gonzalez Rey, 2008, p. 30), fui impelida a pesquisar as aprendizagens docentes desenvolvidas pelos professores supervisores no contexto de suas experiências profissionais, especialmente no Estágio Supervisionado.[1] O aluno desenvolve o estágio em escolas conveniadas à instituição, sob a supervisão do professor titular da sala de aula, o supervisor, de sua área específica, e leva para seu estágio muitas discussões das quais participa na academia, dos conhecimentos que aprende no curso e das descobertas e experimentações laboratoriais a que tem acesso. Quando, no momento final da disciplina, se realiza a socialização das experiências de estágio, é comum ouvir seus depoimentos, afirmando que os professores supervisores relataram ter relembrado pontos importantes de sua formação inicial e, até mesmo, aprendido novidades com eles. Somos, portanto, três personagens trocando experiências: a professora da instituição formadora, o aluno estagiário e o professor supervisor da área específica.

Estudos[2] desenvolvidos sobre o Estágio Supervisionado evidenciam-no como campo fértil de conhecimentos sobre a docência, como espaço de investigação da prática e de reflexão sobre ela. De modo geral, ganha realce a perspectiva da aprendizagem do futuro professor em sua experiência no Estágio Supervisionado. Mas enfoco, neste estudo, as aprendizagens dos professores supervisores na dinâmica que se estabelece entre eles e os alunos estagiários.

A formação do professor é favorecida pela vivência de diferentes situações de ensino-aprendizagem e compreensão das dinâmicas de interação entre os elementos que compõem a prática pedagógica

---

[1] A experiência como professora da disciplina Estágio Supervisionado, nos cursos de Licenciatura no âmbito do IFPI, só reforçou o desejo de pesquisar essa temática. O IFPI oferta as Licenciaturas em Biologia, Física, Matemática e Química. Durante o curso, os alunos têm quatro disciplinas intituladas "Estágio Supervisionado I, II, III e IV", nas quais a principal atividade desenvolvida é o Estágio Supervisionado. A disciplina tem 100 horas/aulas distribuídas da seguinte forma: 20 h/a de aprofundamento teórico, 60 h/a de estágio supervisionado e 20 h/a de socialização da vivência de estágio.

[2] Em consulta ao banco de teses e dissertações da Coordenação de Aperfeiçoamento de Pessoal de Nível Superior (Capes), a partir das palavras-chaves "Educação, estágio supervisionado, formação de professores", encontrei 72 estudos publicados, sendo 49 em nível de Mestrado Acadêmico, 22 em nível de Doutorado e um em Mestrado Profissional, o que comprova a relevância do objeto de estudo. A consulta passou por refinamentos durante a composição do Estado da Arte.

(Araújo, 2009). O estágio, por diversas vezes, abriga contatos iniciais do futuro professor com a realidade escolar e é oportunidade de compartilhar as aprendizagens.

A prática do estágio, no contexto atual, revela a necessária articulação entre a formação inicial e a prática profissional, devendo constituir-se em momento de experiências importantes em que estagiário e professor podem construir e ampliar seu reservatório de saberes necessários à atuação docente. O Estágio Supervisionado propicia a experiência nas diversas situações de ensino-aprendizagem e nos desafios da prática pedagógica. Por isso, estudos sobre a forma de organização, as vivências desenvolvidas e a produção de conhecimento docente referente a ele são fundamentais.

A experiência supervisiva no estágio deve caracterizar-se pela reflexão sobre a prática do processo ensino-aprendizagem e constituir-se de ações e práticas que demandam pensamento, construção e encontro com as realidades social, educacional e escolar, além da compreensão do tornar-se professor. Mas isso não deve ser premissa apenas para o futuro professor. Em um espaço de compartilhamento de experiências como o estágio, o professor supervisor também aprende e essas aprendizagens tornam-se foco de nosso estudo.

García (1998) aponta que as pesquisas sobre estágio supervisionado continuam sendo necessárias por algumas razões: os professores reconhecem que as práticas de ensino são os componentes mais importantes de sua formação; mesmo diante de muitas pesquisas, ainda não se pode afirmar que existe um conhecimento consistente acerca das práticas de ensino; há a necessidade de se conhecer as características de um professor supervisor eficiente; as práticas de ensino são o componente do programa de formação de professores mais eficaz no estabelecimento da relação universidade-escola; e, por fim, a prática de ensino oportuniza estudar os professores no *continuum* de sua carreira docente.

As duas últimas razões postuladas pelo autor supracitado nos incitam a estudar o Estágio Supervisionado sob outro aspecto: o de espaço formativo também para os professores supervisores que recebem alunos para a vivência do estágio. No que diz respeito à relação universidade-escola, é urgente que essa articulação possa acontecer de forma efetiva para que a circulação de saberes produzidos a partir dessa relação se torne mais consistente e permita a reflexão sobre a prática.

Outra discussão relevante realça a importância de se estudar o professor durante sua carreira docente, durante a prática de ensino. Ponte (1994) assevera que os conhecimentos adquiridos antes e durante a formação inicial não são suficientes para toda a carreira, ressaltando que as aprendizagens continuam acontecendo ao longo de sua experiência.

Em vista disso, considero importante pesquisar o Estágio Supervisionado como espaço de aprendizagem docente também para o professor supervisor, que pode fazer da experiência supervisiva uma situação de formação. Esse professor divide o espaço da sala de aula com o estagiário e participa desse momento formativo, influenciando-o e sendo influenciado por ele.

A tese do estudo é de que a experiência supervisiva no estágio possibilita, ao supervisor, refletir sobre a prática e as ressignificações de ações, constituindo-se situação formativa e fonte de aprendizagem docente para o supervisor.

Explicitar as aprendizagens docentes de professores supervisores no contexto do Estágio Supervisionado é uma forma de contribuir para a compreensão do estágio como *lócus* de formação, investigação, problematização do fazer pedagógico com os estudos, análises e discussões acerca da Educação e construção de saberes. Dessa forma, se configura como um contexto em que todos ensinam e todos aprendem.

Observar, refletir e agir são ações esperadas pelos estagiários na vivência do Estágio Supervisionado. Do professor supervisor, essas ações também são esperadas. Esses profissionais precisam, ainda, estimular os estagiários a desenvolver as ações citadas. Entretanto, ainda não há um conhecimento consistente, produzido, que coloque o professor da Escola-Campo no centro dos estudos, e a atividade supervisiva ainda permanece carente de discussão.

A partir de consultas ao banco de teses e dissertações da Capes (o *site* dispõe das produções em nível de Mestrado Acadêmico, Mestrado Profissional e Doutorado dos anos de 2011 a 2014), constato que o Estágio Supervisionado se constitui objeto em muitos estudos. Contudo, nesse universo, ainda são poucas, ou quase nenhuma, as produções que enfocam essa atividade formativa como fonte de aprendizagem docente para o professor supervisor.

Para proceder a uma busca fidedigna, além de pesquisar as produções pelas palavras-chaves "Estágio Supervisionado", "Aprendizagens Docentes", "Professor Supervisor" (e as variações "Professor Experiente" e "Professor da Escola-Campo"), isoladamente, as tentativas deram conta das combinações entre as palavras-chaves supracitadas. É importante citar que, à medida que essas articulações entre os termos iam sendo feitas, o número de produções diminuía drasticamente.

A leitura dos resumos e das palavras-chaves dos estudos permitiu-me depreender que o Estágio Supervisionado é estudado nas mais diversas licenciaturas, com foco no desenvolvimento de habilidades e competências do professor em formação. No tocante às aprendizagens do professor supervisor e à sua atuação como formador de professores, o número reduzido de estudos demonstra quão carente de análise e produção de conhecimento essa área padece.

No Programa de Pós-Graduação em Educação da Universidade Federal do Piauí, por exemplo, apenas um estudo, em nível de Mestrado, tendo como objeto a Supervisão, foi desenvolvido: "O ESTÁGIO SUPERVISIONADO COMO LOCUS FORMATIVO: diálogo entre professor experiente e professor em formação", de autoria de Ana D'arc Lopes dos Reis (2013).[3]

As pesquisas citadas se aproximam desse estudo à medida que exaltam a importância da supervisão do professor da Escola-Campo na formação de novos professores. No entanto, se distanciam por

---

[3] Teve como objetivo geral investigar a atuação de professores da Escola-Campo de Estágio na formação inicial de futuros professores. O citado estudo apontou que o professor experiente, ao receber o estagiário, tem a função de orientador e formador, uma vez que planeja, orienta e acompanha as atividades de regência de classe dos estagiários que recebe em sua sala de aula.

não realçarem a formação e as aprendizagens pelas quais esses supervisores passam, e que podem, inclusive, ter impactos na sua prática. Desse modo, o estudo se configura inovador e capaz de contribuir sobremaneira com as práticas docentes, especialmente no que se refere ao Estágio Supervisionado.

Para Amaral, Moreira e Ribeiro (1996), o professor experiente deve observar os estagiários, questionar o que observou, dar-lhes um *feedback*, refletir sobre essas ocorrências, autoavaliar-se para promover a aprendizagem de seus alunos e o próprio sucesso profissional. Todo esse movimento complexifica a supervisão e torna suas pesquisas imprescindíveis.[4]

Diante disso, organizei este livro de forma dialética e contextualizada. Apresentando algumas considerações iniciais sobre o objeto de estudo, tendo como base discussões atuais sobre este.[5] Criei um capítulo intitulado "Tramando os Princípios Científicos e Percorrendo a Vereda Metodológica", contempla uma descrição da natureza da pesquisa.[6]

Outro que trata de "O Estágio Supervisionado na Formação Docente e o Processo de Ser Professor" versa sobre o processo complexo de delineamento do professor como profissional, bem como a importância do Estágio Supervisionado na formação inicial, tendo como referência a vivência dos próprios interlocutores em seus estágios, salientando aproximações e distanciamentos entre suas experiências como estagiários e, posteriormente, como supervisores. Ao final do capítulo apresento algumas conclusões depreendidas das análises no tocante ao processo de constituição do ser professor entremeado pelo Estágio Supervisionado.

---

[4] Subsidiadas pelas questões registradas e pelo problema central que envolve essa temática, o objeto dessa pesquisa está assim constituído: "Aprendizagens docentes desenvolvidas pelos professores supervisores durante o estágio supervisionado".

[5] Pontuando problema e objetivos que nortearam a pesquisa, bem como a justificativa do estudo e meu vínculo com a temática. Afora isso, apresento uma cosmovisão do livro sintetizando o que cada capítulo do trabalho aborda. É importante ressaltar que os dados foram analisados ao longo do corpo do texto, numa articulação contínua entre a teoria e a empiria.

[6] Envolve aspectos como metodologia e técnicas de pesquisa, campo e sujeitos da pesquisa, inclusive com o perfil biográfico dos interlocutores do estudo, e perspectivas de análise dos dados.

Mais à frente, a experiência profissional do professor supervisor ganha delineamentos analíticos em "Aprendizagens docentes e experiência profissional: conexões estabelecidas no início da carreira e na parelha universidade-escola", em que revisito as narrativas dos sujeitos, no sentido de compreender que aprendizagens emergiram do início de suas carreiras docentes e da parceria que se estabelece entre a instituição de formação e a escola.

Na intenção de continuar a entender os processos de aprendizagens docentes dos professores supervisores, busquei, em mais um capítulo, estabelecer "Concatenações entre a Supervisão de Estágio e aprendizagens docentes", abordando aprendizagens consideradas necessárias a uma supervisão que favoreça a formação do futuro professor e, ainda, as aprendizagens que se configuraram durante o processo supervisivo.

Em "Supervisão de Estágio, Reflexão e Ressignificação da prática em entrecruzamento", discuto as fases do pensamento reflexivo, apontando compreensões depreendidas da experiência supervisiva e os reencaminhamentos da prática elencados pelos interlocutores. Ao final desse capítulo, realço, a partir das análises, as características de investigação, formação de conhecimento e autoformação relativas à pesquisa narrativa.

Por fim, caro leitor, este livro resulta da minha tese de doutorado, nele, discorro sobre meu próprio percurso na pesquisa, apontando reflexões e aprendizagens eclodidas nesta experiência. Para tanto, condenso os achados da pesquisa no que concerne ao ser professor, balizado *na* e *pela* experiência docente, ao Estágio Supervisionado enquanto ação que afeta também a formação dos supervisores, as aprendizagens docentes desenvolvidas pelos supervisores, que abrangem, entre outras, práticas mais articuladas às realidades dos alunos, relações interpessoais mais afáveis com o corpo discente, bem como (re)investimentos na própria formação. Ademais, teci uma síntese mais abrangente do texto, confrontando com a tese proposta inicialmente e demarcando contribuições no campo da formação de professores.

A originalidade do estudo e sua pertinência acadêmica permitem-no contribuir com os debates sobre a formação de professores, amparando novos estudos acerca do Estágio Supervisionado e da atuação do supervisor, aspectos que corroboram a relevância acadêmica e social do estudo, pois busquei aprofundar as discussões acerca do Estágio Supervisionado, para além de um espaço de aprendizagem de futuros professores, portanto, como *lócus* formativo do professor supervisor. Assim, o Estágio Supervisionado se processa em uma ação capaz de promover a reflexão de alunos e professores sobre suas práticas e aprendizagens, instigando o desenvolvimento de profissionais críticos, ativos e autônomos, esperados na atualidade.

I

NA TRAMA DOS PRINCÍPIOS CIENTÍFICOS PERCORRENDO VEREDAS

> O sininho da porta bateu: era a professora que vinha chegando. Clara Luz correu ao encontro dela:
> – Bom dia! Estou louca para aprender tudo sobre horizontes!
> – Que bom! – respondeu a professora. – Gosto de alunos assim entusiasmados.
> A professora era uma fada muito mocinha, que tinha acabado de se formar em professora de fadinhas. Sabia horizontolologia na ponta da língua. [...]
> – Muito bem – disse a Professora. – Primeiro quero ver o que você já sabe. Sabe alguma coisa sobre o horizonte?
> – Saber, mesmo, não sei, não. Mas tenho muitas opiniões.
> – Opiniões?
> – É, sim. Quer que diga?
> – Quero – respondeu a Professora, muito espantada.
> – A minha primeira opinião é que não existe um horizonte só. Existem muitos.
> – Está enganada – disse a Professora. – Horizonte é só um!
> (Almeida, 2007, p. 22)

Neste capítulo, caracterizei o estudo em seus desdobramentos epistemológicos, salientando aspectos importantes da natureza, do método e da técnica adotados, do campo e dos sujeitos da pesquisa, com o intuito de vislumbrar o nosso horizonte e as possibilidades que ele abriga.

Para tanto, delimitei o campo de realização da pesquisa, os sujeitos envolvidos no estudo, os instrumentos de produção de dados e os procedimentos para a análise desses dados. A perspectiva é interpretar a realidade pesquisada a partir de um aporte teórico-

-epistemológico consistente, sem, no entanto, pretender estabelecer uma verdade única para o fenômeno, mas produzir um conhecimento autêntico e relevante.

Situei o estudo na perspectiva epistemológica do construcionismo, por concordar com Esteban (2010, p. 51) que "a epistemologia construcionista rejeita a ideia de que existe uma verdade objetiva esperando ser descoberta". Entendo que essa genuinidade surge a partir da interação humana com a realidade. O conhecimento é produzido pelos seres humanos à medida que experienciam, constroem e compreendem o contexto em que vivem. O construcionismo, desse modo, busca entender os significados produzidos no processo social compartilhado e subjetivo.

No tocante à perspectiva teórica do estudo, ressalte-se a natureza compreensiva, holística e dinâmica (Giddens, 1979 *apud* Esteban, 2010) do processo de constituição desta pesquisa.[7]

Assim, volta-se a atenção para os indivíduos sociais, suas subjetividades, intencionalidades e — como não? — contraditoriedades, levando-se em conta o contexto em que estão inseridos e as significações que se lhe atribuem. Com base nas palavras de Vieira Pinto (1969), admito que o desenvolvimento do estudo tendeu a ser uma produção científica livre das "peias do atraso e da servidão" e capaz de fomentar a evolução cultural e social, ou seja, pautado no pensamento autônomo, na possibilidade de intervenção na realidade e na perspectiva de transformação social.

A Pesquisa Qualitativa

Compreender as características e interpretações emitidas pelos interlocutores da pesquisa, para além da quantificação de dados, é uma marca vigorosa da pesquisa qualitativa assumida neste estudo.

---

[7] O objeto da pesquisa é a ação humana — tendo como principal característica seu significado subjetivo — e suas singularidades. Isso posto, é importante destacar que "as *práticas de ensino*, sendo práticas humanas, não podem ser abarcadas por explicações causais como as utilizadas para explicar fenômenos naturais, mas apenas podem ser entendidas à luz dos fins e das razões que as impulsionam" (Esteban, 2010, p. 61, grifo da autora).

Sobre isso, Chizzotti (2010, p. 58) afirma que "os pesquisadores que optaram pela pesquisa qualitativa, ao se decidirem pela descoberta de novas vias investigativas, não pretenderam nem pretendem furtar-se ao rigor nem à objetividade [...]". Isso posto, discuto características do tipo de pesquisa em foco, como uma indicação das marcas deste estudo.[8] Para Richardson (2009, p. 80):

> [...] as investigações que se voltam para uma análise qualitativa têm como objeto situações complexas e estritamente particulares. Os estudos que empregam uma metodologia qualitativa podem descrever a complexidade de um determinado problema, analisar a interação de certas variáveis, compreender e classificar processos dinâmicos vividos por grupos sociais, contribuir no processo de mudança de determinado grupo e, possibilitar, em maior nível de profundidade, o entendimento das particularidades do comportamento dos indivíduos (Richardson, 2009, p. 80).

Em concordância com o supracitado, determinei o estudo como qualitativo, uma vez que a análise de uma situação complexa, dinâmica e singular é colocada em foco. Nessa prospectiva, afirmei que a participação dos interlocutores da pesquisa propiciou a reflexão desses sobre suas ações.

Esteban (2010) acentua esse importante atributo da pesquisa, ora caracterizada, a possibilidade de romper a compreensão do contexto, instigar a transformação do sujeito e, consequentemente, da realidade produzida por ele. Nesse sentido, assumi que a pesquisa qualitativa desenvolvida é um acervo de práticas com-

---

[8] A pesquisa qualitativa apresenta como traço particular a possibilidade de conhecimento da conjuntura da pesquisa. É de fundamental importância para o pesquisador considerar o contexto de seus interlocutores e perceber as subjetividades ali produzidas. Nessa perspectiva, torna-se possível entender os conhecimentos implícitos à realidade e que, muitas vezes, não verbalizados, são demonstrados e reiterados no enredo da história vivida. Afora isso, relacionar-se com o contexto permite consonância de acordos com os sujeitos da pesquisa de modo a favorecer a análise de aspectos específicos do fenômeno e da realidade. É válido ressaltar que a pesquisa qualitativa proporciona a sistematização do conhecimento próprio oportunizando, inclusive, a concepção de uma teoria. Abordar um problema de pesquisa de forma qualitativa sugere a compreensão da origem e dos desdobramentos de um fato social.

preensivas dos contextos e dos sujeitos, além de oportunidade de diálogo entre os envolvidos, diálogo esse que visa ao pensamento reflexivo do sujeito.[9]

Desse modo, a opção pela pesquisa qualitativa adequa-se ao estudo que desenvolvi, por permitir uma visão objetiva e rigorosa do objeto de estudo, e, prioritariamente, por considerar o conjunto subjetivo que faz parte dele. Ao desenvolver estudo de natureza qualitativa, busquei perceber o contexto e integrar-me ao objeto de estudo de forma a assimilá-lo melhor.

A Narrativa Autobiográfica como Método de Pesquisa

Método pode ser entendido como a rota a ser percorrida para chegar a um determinado fim. Método orienta a pesquisa e encaminha a tomada de decisões, sedimentando o itinerário que segui. Sob essa ótica, situei a Narrativa Autobiográfica como método específico de pesquisa, que permite a recolha de dados diretamente pelo investigador (Ferrarotti, 1988) e com o investigado. Tal método permite ao sujeito tomar consciência de si e de suas experiências, por meio de narrativas escritas ou faladas.

Passegi, Abrahão e Delory-Momberger (2012, p. 31) afirmam que o surgimento das narrativas situa-se nos anos de 1980, "[...] em oposição aos paradigmas dominantes à época (behaviorismo, marxismo e estruturalismo) que tendiam a apagar o sujeito das Ciências Sociais e Humanas". Aparece então a tendência urgente de considerar o indivíduo social, cultural e histórico como ator e autor de suas vivências. Assim, as narrativas despontam como uma forma especial de escrever sobre si e sobre as experiências vividas, além de articular processos de formação, autoconhecimento e aprendizagem e se constituírem uma importante fonte de análises sobre a formação docente e humana.

---

[9] Taylor e Bogdan (1987) destacam aspectos fundamentais da pesquisa qualitativa que também a caracterizam neste estudo: sua perspectiva holística, que permite a compreensão integral do fenômeno, a visão do todo, a consideração do contexto; a sensibilidade do pesquisador para a repercussão de sua presença naquele contexto; o entendimento das pessoas em seu próprio ambiente; a valorização de todas as perspectivas, além de que, para esses autores, todos os cenários e pessoas são dignos de estudo.

Vive-se a era da maior difusão de informação e de um acesso horizontal a ela. Os acontecimentos, desse modo, não precisam ser narrados, uma vez que os indivíduos tomam conhecimento deles por outros meios. Afora depauperar a arte da narrativa, esse excesso de informações impede a análise aprofundada dos acontecimentos e parece tornar superficiais muitas das relações sociais, permeadas, principalmente, pela "[...] forma artesanal de comunicação" (Benjamin, 1994, p. 203). A menção à narrativa que encontrei em Benjamin intensifica o desejo de desenvolver um estudo (auto)biográfico e, ainda, justifica a necessidade de uma pesquisa que permita ao sujeito falar sobre si, para si e consigo.

> Se a arte da narrativa é hoje rara, a difusão da informação é decisivamente responsável por esse declínio. Cada manhã recebemos notícias de todo o mundo. E, no entanto, somos pobres de notícias surpreendentes. A razão é que os fatos já chegam acompanhados de explicações (Benjamin, 1994, p. 203).

Inspirada pela citação, depreendo que parte importante da narrativa é permitir ao ouvinte refletir sobre o fato narrado sem imposições perceptivas, explicativas ou teóricas, numa predisposição fenomenológica rara nos tempos presentes, pois no contexto vivido atualmente é furtada de nós a possibilidade de contar histórias, e a arte de narrar vai se perdendo, consumida pela informação que já vem com uma interpretação pronta. Dewey (2007) certifica que as pessoas querem livrar-se da circunstância árdua de pensar e da responsabilidade de encaminhar suas atividades pela reflexão.

A pesquisa narrativa, pelo caráter formativo e investigativo que assume, pode se configurar como situação de aprendizagem e produção de conhecimento para os partícipes do estudo.

Para Bolívar (2012), a investigação biográfico-narrativa tem se constituído, nos dias atuais, como perspectiva própria, como forma legítima de construir conhecimento na investigação educativa e social. Isso se alinha ao proposto no estudo — investigar um contexto, permitir a reflexão sobre ele e, ainda, produzir novos conhecimentos.

A narrativa (auto)biográfica, para Brito (2010, p. 64):

> [...] no âmbito da pesquisa qualitativa em educação, compõem fontes preciosas de produção de dados, cujo diferencial é protagonizar a vivência da escrita como alternativa para a reconstrução dos percursos do sujeito, seja na formação profissional, seja no cotidiano das práticas pedagógicas. Escrever sobre os processos formativos, sobre a ação docente desenvolvida e sobre o ser professor provoca a autorreflexão e o reencontro do sujeito com seus percursos de vida pessoal e profissional.

A narrativa, desse modo, tornou-se uma forma de falar sobre si, de elaborar sua trajetória de formação, de marcar sua perspectiva e ponto de vista sobre sua história pessoal (Guedes-Pinto; Gomes; Silva, 2008). Entendo que trabalhar com narrativas pressupõe considerar a subjetividade humana (de pesquisadora e pesquisados), lançando um olhar compreensivo sobre opiniões, crenças e valores dos sujeitos.

É importante citar que, na perspectiva de Souza (2007), no método de trabalho da narrativa de formação, parte-se do balanço das aprendizagens feitas pelo professor, e os fragmentos das experiências de formação serão extraídos do esquecimento para, então, dispararem um processo reflexivo importante para o desenvolvimento pessoal e profissional.

Benjamin (1994) substancia que o narrador retira da experiência o que ele conta: tanto aquilo que vive de fato, quanto aquilo que é descrito pelos outros, e mais, incorpora os fatos narrados às experiências de quem o ouve.

Nesse sentido, as narrativas possibilitam ao narrador rememorar o passado, dar sentido às experiências vividas e envolver-se na reflexão, no questionamento e na compreensão da própria prática. Afora isso, possibilitam descobrir as trajetórias de vida pessoal inseridas numa realidade histórica e social.

As narrativas propiciaram aos professores supervisores de estágio pensar, refletir e escrever sobre as aprendizagens docentes, desenvolvidas por eles na vivência da prática de estágio, a partir da relação que estabelecem com os estagiários. As narrativas, nesses termos, configuram-se como estratégia de desenvolvimento da reflexão pelo professor da Escola-Campo, ou seja, o supervisor de estágios.

Técnicas de Produção dos Dados: produzir-se sujeito da/na pesquisa

A produção de dados em uma pesquisa narrativa é momento singular em que o pesquisador se aproxima das realidades dos interlocutores, enquanto estes rememoram e ressignificam aspectos de suas vidas. Desse modo, optei por técnicas que oportunizassem aos professores supervisores do estágio falar, escrever e pensar sobre si, em sua formação e profissão. Inicialmente, pensei em uma escrita individual, que possibilitasse a imersão em si próprio, e evocação de passagens de sua vida que não estivessem tão disponíveis à reflexão.

Depois desse momento de escrita particular, iniciei uma técnica de partilha de ideias e experiências em que é possível pensar com seus pares, compartilhar conhecimentos e refletir sobre sua prática. Assim, as técnicas foram pensadas de modo a priorizar o repensar da ação pedagógica, mas, especialmente, a reflexão sobre a ação supervisiva dos interlocutores. Descrevo, na sequência, as técnicas desenvolvidas neste estudo: o Memorial e as rodas de conversa.

O Memorial

Registrar permite deixar marcas. Para além disso, registrar possibilita considerar o vivido e proporciona circunstâncias para o ato de refletir. Nessa direção, optei pelo Memorial: um texto escrito pelo interlocutor a partir de um roteiro de questões que direcionam o registro. Essa escrita possibilitou ao professor supervisor de estágio rever a trajetória de vida e aprofundar a reflexão sobre ela, uma vez que se configura como uma narrativa simultaneamente histórica e reflexiva (Santos, 2005).

> Nesse instrumento, o narrador é o personagem da sua história de vida pessoal e profissional e relata a experiência de formação e prática docente.

Embora nem toda escrita conduza à reflexão, o registro escrito no Memorial admite ponderação prévia, e, como é um registro sequenciado de ideias, permite ao sujeito resgatar estudos, aprendizagens, vivências e, principalmente, o olhar para si, possível disparador da reflexão. Benjamin (1994, p. 210) lembra que "a memória é a mais épica de todas as faculdades", o que torna ainda mais importante a possibilidade de recorrer a essa habilidade cognitiva para resgatar acontecimentos porventura esquecidos.

Após explicitar aos sujeitos da pesquisa no que consiste o Memorial, como produzi-lo e qual o objetivo neste estudo, a produção escrita memorialística pretendeu evocar as aprendizagens desenvolvidas pelos professores da Escola-Campo como pares implicados na formação docente dos estagiários.

O roteiro foi apresentado aos professores e discutido com estes. Quando perguntados pelo tempo que precisariam para o registro, sugeriram uma semana. Os interlocutores, então, realizaram a escrita dos memoriais de forma particular e relataram trechos relevantes de sua história de vida referentes à escolha da profissão, ao processo de formação, aos desafios enfrentados no processo formativo, à sua própria experiência como estagiário e, posteriormente, como supervisor de estágio, bem como outros fatores importantes.

Os memoriais nos possibilitaram conhecer a biografia dos quatro interlocutores, como também as relações que estabelecem com a profissão docente e com os estágios supervisionados, tanto na formação inicial, como, recentemente, enquanto supervisores de estágios. Com foco no objeto de estudo, explorei este registro escrito de maneira a encontrar aprendizagens docentes dos professores supervisores no contexto do Estágio Supervisionado, mesmo que nas entrelinhas dos escritos.

As Rodas de Conversa

As rodas de conversa consistem em encontros da pesquisadora com os interlocutores do estudo, objetivando discutir sobre a pesquisa, seu objeto de estudo, seus objetivos e importância, bem como promover diálogos respaldados em um referencial teórico e metodológico, o que assegura o caráter científico dos dados produzidos nas rodas.

Esses encontros formativos priorizam discussões em torno de uma temática (selecionada de acordo com os objetivos da pesquisa) e, no processo dialógico, as pessoas podem apresentar suas elaborações, mesmo contraditórias, visto que cada pessoa instiga a outra a falar, o que possibilita aos partícipes se posicionar e ouvirem o posicionamento do outro (Méllo et al., 2007).

Por isso, as rodas de conversa podem motivar a construção da autonomia dos sujeitos por meio da problematização, da socialização de saberes e da reflexão voltada para a ação. Abrangem trocas de experiências, discussão, divulgação de conhecimentos entre os envolvidos, possibilitando a reflexão sobre as conversas e sobre a prática, caracterizando-se como um momento de formação e autoformação.

As pessoas falam suas histórias, buscam compreendê-las por meio da ação do pensar partilhado, a qual possibilita a (re)significação dos acontecimentos. Para Warschauer (1993), a dinâmica de espaço e tempo na instituição escolar dificulta o convívio dos professores e se constitui um obstáculo ao diálogo. Mesmo assim, as rodas de conversa não deixam de ser oportunidade de formação permanente e espaço de (trans)formação.

Com o enfoque fenomenológico respaldando o desenvolvimento das rodas, propus o exercício de desapegar-se do julgamento prévio e aprender a desenvolver escuta sensível e ponderação, habilidades que nos permitem aprender com os pares e valorizar as experiências alheias. Como bem coloca Vieira Pinto (1969, p. 42), "[...] o processo de conhecimento só se eleva ao degrau mais alto quando admite a contradição". É nessa e por essa contradição que evoluí com o conhecimento, afinal, a contradição reside em nós e é ela, também, que nos faz individuais e subjetivos.

As rodas aconteceram com a intenção de informar aos partícipes sobre o desenvolvimento da pesquisa, dirimir dúvidas acerca da produção do Memorial, dialogar sobre o processo formativo dos sujeitos, constituir um grupo formativo de estudo no espaço escolar, além de fortalecer os vínculos entre os pares.

Realizei *cinco* rodas de conversa.

A *primeira* delas foi de mobilização, cujo foco consistiu em apresentar a pesquisa (objetivos, metodologia, formas de participação, entre outras informações importantes) aos interlocutores, convidá-los a participar do estudo e, em caso afirmativo, assinar os Termos de Cessão e Consentimento.[10]

A *segunda* roda foi de elucidação. Nesse momento, clarifiquei sobre as técnicas de produção dos dados e, de modo particular, explicitei sobre o Memorial. Após uma explicação teórica sobre o instrumento, dirimi dúvidas sobre a escrita e me disponibilizei a elucidar quaisquer outras incertezas por e-mail ou WhatsApp. Estabeleci, por sugestão dos interlocutores, o intervalo de tempo de uma semana para receber os registros escritos, o que foi prontamente cumprido pelos quatro colaboradores do estudo.

A *terceira* roda constituiu-se de uma vivência denominada "Teia Supervisiva". Nessa ocasião, um novelo de lã foi jogado a um interlocutor de forma aleatória para que ele respondesse uma pergunta referente ao objeto de estudo da pesquisa. Depois disso, o colaborador enrolaria parte da lã em seu próprio dedo e jogaria o novelo para outro colega de forma que, a todos da roda, fosse oportunizado responder às perguntas e, ao final, todos estivessem vinculados aos outros por uma teia de lã que favoreceu a discussão.

---

[10] Todos os quatro participantes dessa roda aceitaram cooperar com o estudo. Assim, os termos foram assinados e, para facilitar a comunicação da pesquisadora com os interlocutores, criei um grupo no aplicativo de telefone celular WhatsApp, pelo qual eu marcaria as rodas posteriores e enviaria informações relevantes; desse modo, tiraria possíveis dubiedades que viessem a surgir.

> É importante ressaltar que foi explicado aos interlocutores que, caso se sentissem motivados a falar em qualquer momento, durante a atividade, poderiam fazê-lo, mesmo que não estivessem com o novelo, uma vez que as conexões estabelecidas pela vivência eram diversas e o entremear dos fios sugeriam a complementaridade do pensar coletivo.

As seguintes questões foram colocadas em pauta, nortearam o diálogo na roda e permitiram vir à tona aspectos importantes da atividade supervisiva.

Figura 1 – Questões problematizadoras das rodas de conversa

Fonte: a pesquisadora

A Figura 2, a seguir, denominada Teia Supervisiva, ilustra a movimentação e o "tecido" produzido pela técnica descrita.

Figura 2 – Teia Supervisiva

Fonte: a pesquisadora.

Na *quarta* roda, realizei uma dinâmica denominada "Prisma Reflexivo". Construí um prisma de base triangular com três faces, contendo, em cada uma delas, uma questão geradora que deveria ser respondida por todos os interlocutores da roda, quais sejam:

> **a)** O que é necessário para ser um supervisor de estágio eficiente? **b)** Como se dão minha relação e meu convívio com os estagiários? **c)** De que modo considero o Estágio Supervisionado no IFPI com a configuração que apresenta atualmente?

À medida que falavam e se sentiam satisfeitos com sua participação, a face do prisma era virada e uma nova questão gerava novas discussões. Na vivência dessa roda, os interlocutores foram instigados a falar e a complementar as falas dos colegas tanto quanto quisessem, concordando ou discordando destas, o que se constitui uma característica da roda de conversa evidenciada por Warschauer (1993, p. 46): "[...] os diálogos, nascidos desse encontro, não obedecem a uma mesma lógica. São, às vezes, atravessados pelos diferentes significados que um tema desperta em cada participante". Esse movimento pôde ser vivido nas experiências desses círculos dialógicos, em que os interlocutores, como mencionado, sentiram-se livres para se expressar, concordando ou não com seus colegas, no momento que achassem oportuno, respeitando, no entanto, a fala do outro.

Por seu potencial inventivo, a roda permite criar. Senti-me estimulada a tecer formatos diferentes em cada roda, para que os interlocutores ficassem, cada vez mais, à vontade para falar e refletir sobre os ditos e até (por que não?) os não ditos. A quinta e última roda teve a letra da música "Roda Viva", de Chico Buarque de Holanda, como disparadora das reflexões e discussões desencadeadas.[11]

Os interlocutores ouviram a música acompanhando a letra impressa e, depois, fizeram considerações sobre ela. Conversaram sobre a música, realçando se já a tinham ouvido antes ou não e se, durante a audição, haviam pensado na letra, entre outros aspectos.

Posteriormente a esse momento, os interlocutores receberam a letra impressa novamente, mas contendo questões que deveriam ser pensadas e respondidas por todos. Nessa última roda, os colaboradores do estudo teceram considerações sobre sua atuação docente e supervisiva, sobre como foi passar pela experiência de participar

---

[11] Para nós, roda viva diz respeito a um movimento constante que se concretiza na dinâmica cotidiana de muitos professores. Urgência, pressa e atarefamento são, por vezes, marcas realçadas na docência. Nesse sentido, a escolha da música se deu porque muitas "rodas vivas" foram descritas pelos interlocutores do estudo durante as rodas anteriores. Eles citaram as inúmeras salas de aula e escolas nas quais trabalham, os incontáveis alunos que passam, diariamente, por eles, as diversas funções que precisam assumir enquanto docentes e, ainda, os muitos diários, planejamentos e provas que têm que dar conta. Essas situações podem constituir-se em obstáculos para uma prática reflexiva e transformadora e embaçar a visão mais positiva da realidade. Desse modo, a letra permitiu discutir o impacto dessas "rodas vivas" na atuação dos partícipes do estudo como professores e, especialmente, como supervisores de estágio.

de uma pesquisa dessa natureza e, ainda, reafirmar aprendizagens desenvolvidas por esta vivência.[12]

Constituir-se, simultaneamente, pesquisadora e proponente de uma roda de conversa me permitiu desenvolver um processo de autoconhecimento e de (trans)formação pessoal e profissional não expectável quando da proposição desta obra. Desenvolvi um olhar compreensível e acolhedor com relação aos professores supervisores que, embora conscientes de seu papel na formação de futuros professores, padecem em condições de trabalho deficitárias como inúmeras salas de aula lotadas e sem recursos mínimos para o desenvolvimento da ação docente.

As realidades descritas dispararam em nós questionamentos sobre a ação formativa do estágio supervisionado e na necessidade urgente de uma parceria mais profícua entre universidade e escola.

O desenvolvimento das rodas nos permite admitir não só a possibilidade concreta, mas também a necessidade, de o professor do ensino básico ou superior sentar para conversar e pensar sobre sua prática. Esses momentos formativos de partilha de experiências, de percepção de contradições e de reflexões consistentes, uma vez implementados na escola, poderiam fomentar a integração de professores e disciplinas, reforçar o sentimento de pertença dos professores à instituição e à categoria, além de ser um caminho para as mudanças na educação. Parar para pensar, pensar para agir, agir para mudar. Essa pode ser uma sequência importante a ser efetivada.

Campo e Interlocutores da Pesquisa

A escolha do campo de pesquisa é de fundamental importância para responder ao problema da investigação. Nesse sentido, optei por um Centro Estadual de Educação Profissional, situado na Zona Sul da cidade de Teresina. O referido espaço foi selecio-

---

[12] Faz-se pertinente realçar que planejar as rodas e pensá-las com uma estrutura que favorecesse a compreensão de nosso objeto de estudo e, ainda, impulsionasse atos reflexivos nos interlocutores, foi, para nós, um exercício complexo de imaginar, criar, sistematizar e prever que demandou estudos teóricos, constantes revisões e adaptações dos instrumentos, bem como um pensar crítico difícil e intranquilidades fáceis.

nado por acolher estagiários de quatro licenciaturas específicas (Matemática, Física, Química e Biologia) ofertadas pelo Instituto Federal do Piauí (IFPI), instituição em que atuo como professora da disciplina "Estágio Supervisionado" nas citadas licenciaturas. Os critérios de escolha desta Escola-Campo foram, portanto: ser conveniada à Instituição Formadora (IFPI) e receber os alunos da Licenciatura para a vivência do estágio nas quatro etapas em que o mesmo ocorre no curso.

Na escola, selecionei um professor de cada área específica das quatro licenciaturas mencionadas, ofertadas em período regular pela Instituição de Ensino Superior, totalizando quatro sujeitos, a partir dos seguintes critérios: interesse em participar da pesquisa; disponibilidade para produção de dados; ser professor efetivo da escola; e não ser professor supervisor de Programa Institucional de Bolsas de Iniciação à Docência (Pibid) — este último critério se deve ao fato de o programa citado ter metodologias e organização próprias, com algumas aproximações e distanciamentos da estrutura do Estágio Supervisionado, o que poderia causar certa incerteza na produção de dados referentes apenas ao estágio.[13]

No Quadro 1, caracterizei os interlocutores, construindo seu perfil biográfico a partir da escrita do Memorial. Além disso, caracterizei os teóricos selecionados pelos sujeitos no esforço de entender quem são eles e o que representam em suas áreas.

Os dados apresentados permitem que se conheça a história de vida dos sujeitos, considerando que este é um aspecto relevante para a constituição de sua identidade docente, de seu desenvolvimento profissional e de sua prática pedagógica. Seus perfis revelam algumas aproximações entre suas histórias, pois os quatro são oriundos de classes sociais financeiramente menos privilegiadas e não tinham a carreira docente como prioridade de formação, embora uma conjuntura de fatores os tenha levado a escolher a carreira.

---

[13] Os interlocutores foram orientados a escolher seus codinomes tendo como referência nomes de teóricos renomados em suas áreas de atuação. O processo de escolha do codinome levou uma semana.

Essa "estrutura das oportunidades objetivas de ascensão social" (Bourdieu, 2002, p. 190) revela que os sujeitos oriundos de classe trabalhadora, com níveis mais baixos de recursos materiais e financeiros, constituem o perfil dos jovens atraídos pela docência. O investimento do indivíduo nas oportunidades que lhe surgem torna-se o principal meio de sobrelevar a pirâmide social.

A adequação às normas e às condições dessas oportunidades aparecem como uma probabilidade objetiva de mudança do *ethos*, em detrimento da esperança subjetiva, processo de interiorização das condições que se operam no sistema de relações.

Quadro 1 – Perfil Biográfico dos Interlocutores

	QUEM ERA O TEÓRICO?
Carl Friedrich GAUSS	Filho de camponeses muito pobres. Teve apoio da mãe e do tio para estudar, embora seu pai objetasse a ideia. Nasceu em 1777 e viveu até 1855. Foi destaque na área da Matemática com a fórmula da Progressão Aritmética. Desenvolveu o método dos mínimos quadrados (prova da reciprocidade quadrática na teoria dos números). Na Física, dedicou-se à Física Teórica, especialmente em mecânica, capilaridade, acústica, óptica e cristalografia. Antecipou importantes descobertas na eletricidade estática, térmica e da fricção. Gauss terminou suas descobertas no campo da Física.
	QUEM É O INTERLOCUTOR DO ESTUDO?
	É formado em Licenciatura Plena em Física pelo IFPI, desde 2010. Ainda durante a Graduação, foi aprovado no concurso para professor do estado do Piauí, o que reafirmou seu interesse em concluir o curso. Oriundo de um ambiente familiar financeiramente precário, Gauss, por iniciativa própria, buscou pesquisar e entender sobre áreas diversas e teve as disciplinas escolares como pontos de partida para essa busca. Muitas vezes, leu livros descartados no lixo pelos antigos donos, e, como o Gauss que lhe inspirou, teve o apoio da mãe para a aquisição de outros livros. Sua escolha profissional se deu por uma necessidade urgente de trabalhar e ganhar dinheiro. Desse modo, escolheu o curso pela baixa concorrência e evidente carência de profissionais na área.

	QUEM É A TEÓRICA?
Jane GOODALL	Nasceu em 1934 em Londres e foi oriunda de uma família de classe média. Viveu infância e juventude rodeada de animais e pensando sobre escrever a respeito dos animais da África. Aos 23 anos, iniciou sua pesquisa com chimpanzés selvagens, vivendo em uma tenda, com sua mãe e um cozinheiro, no meio da selva. Os resultados de suas pesquisas revolucionaram a comunidade científica: revelou comportamentos, estrutura social, caça, guerra entre grupos, domínios, entre outros. Tem mais de 25 livros publicados e inúmeros artigos científicos. Seu trabalho permitiu expandir conhecimentos sobre os chimpanzés e, além disso, possibilita reflexões sobre nossa espécie e sobre a preservação dos ecossistemas.
	QUEM É A INTERLOCUTORA DO ESTUDO?
	Formada em Licenciatura Plena em Biologia pela Universidade Estadual do Piauí há 15 anos. É professora do estado do Piauí desde 2000. Descreve sua admiração por professoras na infância, mas revela que não se imaginava como tal. Na adolescência, interessou-se pela Biologia, pois idealizava ser, como a Goodall, inspiradora, cientista ou pesquisadora. Tentou o vestibular para Medicina por influência da família e sentiu-se psicologicamente pressionada a passar, o que a fez desistir desse curso e tentar Biologia na supracitada universidade sem, no entanto, ter a menor noção do que se tratava a formação que iniciava.
	QUEM ERA O TEÓRICO?
Pierre Simon LAPLACE	Astrônomo e matemático francês, Laplace viveu de 1749 a 1827. De origem modesta, conseguiu estudar na Escola Militar de sua cidade por influência de vizinhos mais ricos. Posteriormente, tornou-se professor de Matemática nessa mesma escola. Tem ampla contribuição na área de Exatas, desde soluções em cálculos integrais e Matemática Astronômica, até a Física, com a Teoria do Calor desenvolvida junto a Lavoisier. Desenvolveu um método de solução integral para equações diferenciais: a Transformada de Laplace.

	QUEM É O INTERLOCUTOR DO ESTUDO?
Pierre Simon LAPLACE	Licenciado em Ciências com habilitação em Física pela UFPI. Entrou na Universidade no segundo período de 1985, mas só se formou 12 anos depois. Filho único de mãe analfabeta que, entre outras atividades, cozinhava, fazia carvão e lavava roupas, Laplace teve sérios problemas com a aprendizagem de Matemática durante sua vida estudantil, tendo recorrentes reprovações. Quando passou a ensinar aos próprios colegas, não reprovou mais nenhum ano. Cursou o Ensino Médio com bolsa em uma escola particular de Teresina e destacava-se ajudando os colegas nas áreas de Matemática e Física. No terceiro ano do Ensino Médio, o diretor da escola prometeu-lhe emprego se obtivesse aprovação no vestibular. Com um semestre de curso, começou a carreira profissional como professor de Matemática. Como Laplace, que o inspirou a escolher o nome, borra a fronteira entre a Física e a Matemática, atuando continuamente nas duas áreas. Em nosso estudo, se apresenta como docente de Matemática por ser esta a área que recebe alunos para o estágio.
	QUEM ERA O TEÓRICO?
Joseph Louis PROUST	Químico francês que viveu entre 1754 e 1826. Começou a aprender química com seu pai farmacêutico. Provou, em laboratório, a constância da composição do Carbonato de Cobre. Seu trabalho ajudou a fortalecer, na Química, a ideia do átomo.
	QUEM É O INTERLOCUTOR DO ESTUDO?
	Licenciado em Química pela UFPI desde 2001. Atua como professor há 21 anos. Nasceu em uma família humilde e foi o primeiro da família a concluir o antigo Científico. Sonhava em cursar Medicina para, assim, melhorar sua condição socioeconômica. Como a concorrência era muito grande, resolveu tentar a licenciatura em química para adquirir conhecimentos mais consistentes e tentar Medicina. Com o passar do tempo, a ideia do curso de Medicina foi sendo abandonada e a continuidade no curso de Química era mais concreta. Pensou em desistir da carreira docente algumas vezes, por não acreditar que ela lhe daria ascensão financeira almejada.

Fonte: dados da pesquisa

Assim, o indivíduo compreende as relações sociais estabelecidas, reconhece as limitações impostas por uma "ordem de ensino", e se exclui de determinadas condições, investindo no que realmente acredita ser a possibilidade de ascensão. Seu desejo, considerado improvável, dá lugar a uma escolha conveniente e segura.

Os perfis demonstram que os interlocutores estão alinhados aos critérios de seleção dos sujeitos da pesquisa, uma vez que são professores efetivos da escola e atuam como professores na Educação Básica em cada área específica que tenciono estudar.

Desse modo, entendo que conhecer suas histórias pode me proporcionar uma visão holística sobre o fenômeno, considerando as especificidades e individualidades dos sujeitos que desenvolvem a ação humana.

Tratamento e Análise de Dados: o processo de compreensão dos relatos narrativos

Diante do *corpus* de pesquisa definido, analisei os dados com base no método de análise de conteúdo que, de acordo com Bardin (1977), pode ser entendido como um conjunto de técnicas de análises de comunicações que utiliza procedimentos sistemáticos e objetivos de descrição do conteúdo das mensagens.

A intenção é a inferência de conhecimentos relativos às condições de produção e de recepção das mensagens, inferência essa que recorre a indicadores. Essa técnica permite a análise do que está escrito, mas também das normas sociais sedimentadas. É possível, ainda, extrair inferências válidas do texto.

A análise de narrativas está, "[...] por força, condenada a um procedimento dedutivo; está obrigada a conceber um modelo hipotético de descrição" (Barthes *et al.*, 2008, p. 21). E, a partir desse modelo, chegar à diversidade e pluralidade dos indivíduos. Desse modo, o movimento de análise requer partir de premissas gerais para premissas particulares, depreendendo aspectos sociais e culturais dos sujeitos da pesquisa.[14]

---

[14] A esse respeito, esse autor menciona que há três níveis de narrativas que precisam estar em interação progressiva: o nível das "ações", o nível das "funções", e o nível da "narração". A integração entre esses níveis acontece porque "[...] uma função não tem sentido se não tiver lugar na ação geral de um actante; e a própria ação recebe sua significação última pelo fato de ser narrada, confiada a um discurso que tem seu próprio código" (Barthes *et al.*, 2008, p. 28). Tendo em vista o exposto, deduzo que analisar uma narrativa implica considerar o encadeamento de ideias, "passear" entre um nível e outro de narrativa e aprofundar a compreensão dela.

Tomando como base as etapas de análise sistematizadas por Poirier, Clapier-Valladon e Raybaut (1999) — pré-análise, clarificação do corpus, compreensão do corpus, organização do corpus, e organização categorial —, o processo de análise, em nosso estudo, foi desenvolvida da forma descrita no Quadro 2, a seguir:

Quadro 2 – Descrição das atividades de análise dos dados

Etapas (Poirier et al., 1999)	Atividades descritas/sugeridas pelos autores	Ações desenvolvidas no estudo
Pré-análise	Classificação dos documentos; Transcrição. Escuta atenta e leitura repetida.	Classificação dos documentos: organização do material por tipo de instrumento e anotação das datas e horários das narrativas; transcrições das entrevistas e das rodas de conversa, preservando perfeitamente as falas dos sujeitos; escuta atenta e leitura repetida: leitura dos instrumentos (transcrições das entrevistas e das rodas de conversa e memoriais) marcando trechos ou palavras que chamem a atenção por aproximações ou distanciamentos de ideias e diferenciando trechos com cores diversas.
Clarificação do corpus	Reduzir a abundância do corpus, retirando-lhe parte de sua opacidade e permitindo o início da elaboração do léxico-*thesaurus*.	Descrição dos perfis dos sujeitos (formação, tempo como docente, tempo na supervisão de estágio, entre outros aspectos). Agrupamento de trechos das narrativas que tratem do mesmo tema/assunto/categoria.
Compreensão do corpus	Elaboração do léxico-*thesaurus*: voltar ao texto e identificar termos carregados de sentido e pessoalizados.	Definição de termos/palavras mais comuns ditas pelos sujeitos — contabilizar a frequência de aparecimento do termo. Elaboração de vocabulário a partir da significância dada às palavras pelos sujeitos. Definição de categorias emergentes.

Etapas (Poirier et al., 1999)	Atividades descritas/sugeridas pelos autores	Ações desenvolvidas no estudo
Organização do corpus	Definição das grelhas de análise	Estabelecimento de sistema categorial *a priori* — formação, tempo de magistério, motivos da escolha profissional, processo de se tornar supervisor de estágios, opinião sobre o estágio supervisionado, entre outras —, e, a partir de categorias empíricas, *a posteriori*.
Organização categorial	Juntar, em cada categoria, fragmentos de textos relacionados com ela, detectando os núcleos de sentido.	Construção de mapa categorial com fragmentos dos textos.

Fonte: Poirier, Clapier-Valladon e Raybaut (1999)

A análise e a interpretação dos dados ocorreram com base nos estudos na revisão bibliográfica, tendo como diretrizes norteadoras os objetivos deste trabalho, possibilitando analisar o Estágio Supervisionado como fonte de aprendizagens docentes do professor da Escola-Campo de estágio, a partir de sua vivência como supervisor de estágio.

Do refinado trabalho de familiarização, compreensão, organização e tratamento dos dados, sistematizei quatro eixos temáticos emergidos das narrativas. Cada eixo foi subdividido em dois indicadores no sentido de detalhar e nortear a análise. Os eixos e indicadores estão dispostos no Quadro 3, a seguir:

Quadro 3 – Eixos temáticos e indicadores de análise das narrativas

Fonte: a pesquisadora

Uma vez compostos os eixos e indicadores, passo às análises dos dados, à luz de autores que discutem a temática, com o objetivo de refletir sobre os dados que compõem as narrativas dos interlocutores e depreender inferências relevantes para a compreensão do objeto de estudo. A análise está disposta no decorrer dos capítulos subsequentes.

II

O ESTÁGIO SUPERVISIONADO NA FORMAÇÃO DOCENTE E O PROCESSO DE SER PROFESSOR

> – Eu sei que todos acham que é só um. Mas justamente vou escrever um livro, chamado Horizontes Novos. [...] – Pois nesse livro eu vou dizer todas as minhas ideias sobre o horizonte.
> – São muitas? – quis saber a Professora.
> – Um monte. Por exemplo: eu acho que nós duas não devíamos estar aqui.
> – Ué! Devíamos estar onde, então?
> – No horizonte, mesmo. Assim, em vez da senhora ficar falando, bastava me mostrar as coisas e eu entendia logo. Sou muito boa para entender. (Almeida, 2007, p. 23)

A professora retratada na continuação da história me faz refletir sobre de que forma a experiência profissional pode ser espaço de formação e de desenvolvimento de diversas aprendizagens para o professor, como a desconstrução de certezas, a valorização dos conhecimentos dos alunos e a constatação da necessidade de permanecer em constante formação.

Conforme Pérez Gómez (1992, p. 101), "[...] a primazia do contexto de justificação sobre o contexto de descoberta forçou a investigação e a intervenção prática a ajustarem-se aos padrões que validam *a priori* o conhecimento científico". Também por essa razão, a formação de professores tem merecido um olhar cuidadoso, diante das demandas sociais e educacionais atuais. Fato que torna imperativo um processo formativo que atenda às rápidas transformações por que passam a sociedade, a educação, a escola e o indivíduo.

Essas transformações interferem na prática do professor, que precisa assumir uma postura profissional crítica, reflexiva, pesquisadora, e capaz de efetivar mudanças e tomadas de decisões que forem necessárias à prática. Esse deve ser o perfil do profissional egresso de uma formação implicada com a transformação social. A postura ativa do professor, notadamente, não depende exclusivamente da formação, visto que "o professor é a pessoa" (Nóvoa, 1992, p. 25) e, como tal, as perspectivas pessoal e profissional se encadeiam na formação do sujeito.

Sob essa perspectiva, o processo de ser professor não tem seu início demarcado pelo curso de formação, mas pelas vivências que influenciam esse transcurso. O professor é um indivíduo cuja história de vida intervém nas suas ações, suas posturas e seus pensamentos. Antes de aprender a ser professor em um processo formal, há vários caminhos percorridos pelo sujeito que os define como pessoa e profissional.

O professor é uma totalidade que envolve aspectos individuais e subjetivos, sociais e coletivos e que "[...] usa não só os seus conhecimentos acadêmicos, mas também as suas experiências prévias, os seus sentimentos, atitudes e valores pessoais" (García, 1992, p. 72). Portanto, faz-se pertinente considerar e entender as trilhas seguidas por nossos interlocutores até alcançarem a profissão docente, considerando que esse caminho orienta suas aprendizagens e sua atuação como supervisor de estágio.

Na leitura das narrativas, busquei revelações sobre tais aspectos no sentido de compreender a trajetória formativa de nossos interlocutores e o impacto disso em suas atuações e aprendizagens como supervisores de estágio supervisionado. A incumbência do professor como supervisor me remete a pensar quem é esse professor e que experiências pessoais e profissionais norteiam sua atuação na experiência supervisiva, atribuição que ele recebe sem mesmo desejar.

Neste capítulo, por conseguinte, tratarei da análise de dados referente ao primeiro eixo analítico, que aborda o professor supervisor e sua formação.

Eixo 1: Professor Supervisor e seu Trajeto Formativo

O professor supervisor, neste estudo, é considerado como um sujeito mais experiente que acolhe, em sala de aula, um futuro professor em sua formação inicial durante o Estágio Supervisionado. Implicado no processo de formação profissional e pessoal do futuro professor, o supervisor tem papel importante, mas, por desconhecimento dessa importância, esse papel é, muitas vezes, negligenciado por ele próprio, por seus pares, pelo estagiário, pela instituição formadora e pela escola.

Não há um curso formativo para ser supervisor de estágios durante a formação inicial e, posteriormente, o professor dificilmente procura uma formação continuada que dê conta dessa faceta que, por vezes, tem que assumir. A questão que se faz pertinente, nesse contexto, é: como o professor aprende a ser supervisor?

À medida que orienta e oportuniza experiências aos estagiários, o supervisor não pode desatentar-se da aprendizagem de seus próprios alunos. A supervisão, assim, abraça a aprendizagem dos estagiários, da turma envolvida no estágio e do próprio supervisor que, nesse contexto, não só ensina, mas também aprende. A ação supervisiva é complexa e requer atenção especial nos estudos sobre formação de professores, uma vez que supervisionar é "[...] um processo de interação consigo e com os outros, devendo incluir processos de observação, reflexão e ação do e com o professor" (Amaral; Moreira; Ribeiro, 1996, p. 94).

A supervisão de estágios, entretanto, ainda não recebeu a devida atenção. Uma evidência dessa afirmação é a quantidade de estudos, envolvendo o professor supervisor e seu papel na formação de futuros professores, como indicado na introdução deste estudo.

a. O Ser Professor

A profissão docente no Brasil resguarda consigo as mazelas de uma desvalorização histórica marcada por condições de trabalho deficitárias, baixos salários e falta de investimentos políticos e financeiros na carreira. A expansão da demanda escolar tem crescido na mesma proporção com que os jovens se afastam da carreira docente como escolha profissional e aí reside uma incoerência: quanto mais há a ampliação da oferta do ensino escolar, maior se revela a dificuldade em formar professores que possam atendê-la.

De forma recorrente, sobram vagas nos cursos de licenciatura oferecidos pelas universidades, e, ainda, turmas com números muito reduzidos de alunos concluem a formação inicial. Aranha e Souza (2013, p. 78) atribuem tal fato ao "[...] baixo valor do diploma de professor, sobretudo, na educação básica, tanto no mercado de bens econômicos (salário) quanto no mercado de bens simbólicos (prestígio)". Nessa perspectiva, o ser professor vai se delineando a partir de importantes implicações de ordem contextual e social e, de modo mais raro, de implicações individuais, ou seja, uma escolha prioritária de ser professor. A docência é percebida pelos jovens como meio de acesso preciso ao ensino superior e, consequentemente, como possibilidade de ascensão social, constituindo, por isso, escolha para muitos deles.

A questão da desvalorização da profissão docente supõe discutir, ainda, um aspecto importante: a docência como vocação. A vocação pressupõe doação e, como tal, dispensa salários altos ou reivindicações salariais. Haghette (1991 *apud* Diniz, 2006) afirma que a ideologia da vocação pode ser considerada como um mecanismo de autodefesa. É como se o professor pensasse que, apesar de ser mal pago e de a escola estar em condições precárias, desenvolve um trabalho sagrado. A ideia da docência como sacerdócio, entendo, beneficia o sistema político, econômico e social em vigor, que continua a não investir nas condições de trabalho docente, nos salários dos professores nem em medidas de valorização da carreira.

A discussão sobre a profissionalização da carreira docente denota a urgência de entender-se o professor como profissional que tem autonomia, toma decisões sobre os problemas profissionais da prática, mas também luta contra a exclusão social, estabelece relações com estruturas sociais e, por seu desenvolvimento crítico, identifica e reconhece as contradições da profissão para nelas intervir.

O conceito de profissão, para Imbernón (2010), consiste em produto de um conteúdo ideológico que influencia a prática profissional. Quando as ideias da docência como vocação, sacerdócio e doação sobrepujam a noção de profissão docente, abre-se a possibilidade de práticas carentes de valores éticos, morais, ideológicos que possam desenvolver autonomia e liberdade no indivíduo. Entender a docência como profissão pressupõe que "[...] o conhecimento específico do professor e da professora se ponha a serviço da mudança e da dignificação da pessoa" (Imbernón, 2010, p. 28).

Por mais que a discussão acerca da formação de professores tenha avançado nas duas últimas décadas, ainda permanece no discurso e no pensamento de muitos professores que há essa inclinação ou tendência natural para ser professor. Alguns interlocutores de nosso estudo se mostraram crentes na ideia da vocação. Durante uma das rodas de conversa, a interlocutora Goodall afirmou que sua dificuldade com a docência era relacionada com a vocação *"[...] eu não sou vocacionada naturalmente"*. Essa afirmação foi disparadora de uma reflexão, na roda, sobre vocação, desvalorização salarial e a dimensão social da profissão docente caracterizada pela produção de saberes.

Segundo Tardif (2002), esses saberes são esquemas, regras, hábitos, procedimentos não inatos, mas elaborados pela socialização, por meio da inserção dos indivíduos nos diferentes grupos socializados nos quais eles constroem, em interação com os outros, sua identidade pessoal e social. Admite-se, assim, que o ser professor é aprendizagem social escolhida pelos sujeitos.

As ideias de Tardif (2002) sobre a aprendizagem social da docência e as considerações sobre a perspectiva de vocação desvalorizadora da profissão docente foram apresentadas na roda de conversa por meio de nossos comentários, mesmo sem o suporte da leitura do livro ou texto do autor. Os professores supervisores discorreram sobre suas ideias, inspirados pela confrontação apresentada, concordando, ou não, com a perspectiva da docência como profissão aprendida durante um processo formativo pessoal e profissional.

> *O pessoal não pode confundir vocação com filantropia. Há essa diferenciação. Vocação enquanto tendência, facilidade para. E filantropia enquanto fazer sem retorno. Uma pessoa que não tem tendência para ser professor não vai ser professor nunca. [...] há pessoas na Universidade que têm disciplinas [...] que tão lá como professor, não tem nenhuma habilidade para ser professor. Tanto é que os cursos de Física e Matemática, que eram os cursos de maior evasão antes, hoje já não são mais porque quem está chegando hoje está chegando com vocação* (Laplace, 2015).

> *Pois para mim são duas surpresas. É surpreendente eu ser professor e ser professor de Física. Eu fui péssimo orador, tinha medo de ficar no meio de um monte de gente, como era péssimo aluno de Física* (Gauss, 2015).

Com base no relato dos interlocutores, percebe-se que há uma divergência de ideias sobre como ocorre o processo de ser professor. Ao tempo em que Goodall e Laplace creditam a uma inclinação natural e inata às habilidades relativas à docência, Gauss confirma, por sua fala, que os saberes de que necessita para ser professor, como o conteúdo da disciplina, a capacidade de falar em público e o estabelecimento de relações interpessoais, são todos aprendidos em contextos sociais e nos cursos de formação.

Identifica-se, na fala de Laplace, uma contradição importante. Logo após afirmar que quem não tem vocação nunca será professor, expressa que há professores que não têm nenhuma habilidade para tal, mas estão na universidade ministrando aulas. A incoerência destacada na fala do interlocutor confirma que a profissão docente requer conhecimentos oriundos de fontes diversas, como as experiências pré-profissionais, a formação inicial e continuada, as trocas com os pares, entre outras formas essencialmente sociais, apontando a docência como profissão aprendida.

É válido ressaltar a feição formativa da roda de conversa e as reflexões proporcionadas por essa técnica de pesquisa. Em uma roda posterior a que debati sobre a ideia de vocação, durante uma discussão sobre as aprendizagens produzidas no contexto de estágio, a interlocutora Goodall fez questão de destacar:

> *A gente pega todas as influências ali e vai tentar passar todas aquelas influências para aquela pessoa e você também aprende com eles. Não vou dizer que é vocação* (Goodall, 2015).

Ao concluir que o processo de ser professor se faz em diferentes contextos e em trocas de experiências nos diversos ambientes sociais, pois "nenhum professor é professor isoladamente" (Grillo, 2004, p. 79), a interlocutora nos permite inferir que pensou acerca das provocações instituídas, mudando seu ponto de vista sobre a profissão docente e seu caráter social, realçando a roda, momento narrativo, como espaço formativo que articula três dimensões dessa técnica de pesquisa: reflexão, formação de conhecimento e autoformação. Como endossa Monteiro *et al.* (2012), na narrativa como técnica de pesquisa, os objetivos de pesquisa e de formação estão imbricados como processos de reflexão e reconstrução do pensamento.

O delineamento do sujeito professor vai tomando forma a partir das relações que estabelece consigo, com os outros e com as intercorrências contextuais. Como afirma Zabalza (1998, p. 13), a melhora profissional se dá "[...] mediante o conhecimento e a experiência: o conhecimento das variáveis que intervêm na prática e a experiência para dominá-las. A experiência, a nossa e a dos outros professores".

Cabe aqui a discussão do conceito de identidade que agrega características individuais e subjetivas do indivíduo, ressalta a ideia de constituição do sujeito em uma coletividade, uma perspectiva social da constituição humana. Diz respeito às questões de reconhecimento pessoal (sou único e singular) e também às questões de reconhecimento social (sou de determinada família, me identifico com uma profissão, pertenço a esta categoria e tenho similitudes com meus pares). A constituição de uma identidade, desse modo, é processual e se dá em diversos ambientes e pelas diversas experiências pessoais e sociais do indivíduo. É simultaneamente original e coletivamente formada. Nessa perspectiva, o ser professor, enquanto identidade e sentimento de pertença à categoria, vai se desenhando em um processo simultaneamente pessoal e social.

Nas narrativas desses interlocutores, encontro indícios importantes da escolha da profissão docente como segunda opção ou como forma segura de ingresso à Universidade, particularmente no processo de seleção e inserção, justamente pela baixa concorrência às vagas referentes às licenciaturas, corroborando a perspectiva da desvalorização da profissão. Há que se considerar os motivos da escolha profissional que muito influenciam as ações desenvolvidas pelo professor durante o exercício da profissão. Assim, encontram-se nos memoriais os seguintes trechos, referentes a cada interlocutor:

> *Eu sonhava em fazer Medicina e assim melhorar minha condição socioeconômica. Como a concorrência para o curso desejado era muito grande, resolvi prestar vestibular para Química, com a ideia de que iria adquirir mais conhecimentos e só em seguida viria a aprovação para Medicina. Com o tempo, vi que aquele sonho não seria concretizado, tinha muitas incertezas quanto ao meu curso, achava que ser professor não valeria a pena, tinha a impressão que era uma profissão pouco valorizada* (Proust, 2015).

> *Usando meus poucos livros, até então, e com muita força de vontade, consegui entrar no Cefet (hoje IFPI) no Curso Técnico em Informática, na esperança de uma realização próspera. [...] Sempre adorei videogames. [....] Ao abandonar este curso, foquei na ideia de uma formação sólida, de preferência em nível superior, como forma de garantir uma renda. [...] Enquanto a vida passava, pensei em várias profissões que eu poderia exercer a fim de garantir minha subsistência. [...] Relacionei as possíveis profissões que gostava e, como num sorteio, escolhi Licenciatura Plena em Física. Parecia para mim uma escolha conveniente, uma vez que a concorrência nesse curso sempre é menor e a carência de profissionais nessa área me chamou a atenção* (Gauss, 2015).

> *Queria ser cientista ou pesquisadora. Por influência da família tentei vestibular para Medicina, duas vezes, não suportei a pressão psicológica, então tentei para o curso de Biologia da Uespi. Lá entrei em 1996 sem nenhuma ideia da formação que viria pela frente* (Goodall, 2015).

> *No terceiro ano, eu ensinava Matemática e Física para meus colegas. O professor faltava, lá eu ia dar aula no lugar para meus colegas de sala. O diretor da escola, alertado pelos professores, me chamou e disse que se eu obtivesse aprovação no Vestibular me daria um emprego. Coloquei a primeira opção Matemática e a segunda Física. [...] Passei na segunda opção, penúltimo lugar, e o diretor cumpriu a promessa. Comecei a lecionar Matemática, mas cursava Física, com seis meses de curso* (Laplace, 2015).

Dos excertos, depreendo que os interlocutores chegaram ao curso de Licenciatura por uma série de fatores de ordem social, tais como: necessidade de retorno financeiro mais rápido, certeza da entrada em curso superior ou esperança de consolidar conteúdos relativos ao curso que, de fato, desejavam. Essa situação reforça que os motivos pelos quais o sujeito se torna professor podem ser diversos, mas nada têm a ver com vocação, e sim com uma escolha pessoal.

Contraditoriamente, o quadro de desvalorização da profissão docente favorece a busca das licenciaturas por indivíduos de classes sociais populares que, oriundos de escolas públicas, consideram-se menos preparados a concorrer para cursos de maior prestígio social, ou seja, admitem a "esperança subjetiva" (Bourdieu; Passeron, 2012) excluindo-se da concorrência por se considerarem inaptos para tanto, a exemplo da narrativa de Proust e Goodall.

Claramente, Goodall e Proust demonstram a insegurança em tentar um curso com maior concorrência, insegurança essa capaz de impedir até a tentativa de aprovação. Proust, Gauss e Goodall chamam a atenção para outro aspecto relevante: ter afinidade com determinada área não foi suficiente para que eles a seguissem ou insistissem em segui-la. A necessidade de subsistir-se fez com que optassem por uma profissão mais estável e segura, tanto no que diz respeito à entrada no curso superior, como no tocante à possibilidade de garantia de renda.

Isso definiu suas escolhas profissionais que, de certo modo, corroboram o pensamento de Bourdieu e Passeron (2012): "a eliminação de ambições socialmente definidas aconteceu em função da modalidade própria de seu *ethos* de classe". Em outras palavras, a licenciatura não foi escolhida como área de afinidade, mas como um meio de assegurar renda e, consequentemente, o sustento.

A fala de Laplace fortalece essa proposição ao demonstrar que, mesmo tendo certa proximidade com a profissão ao ensinar os colegas, o que o fez decidir por uma licenciatura foi, de fato, o compromisso de emprego firmado com a escola particular na qual era bolsista. Ou seja, a garantia de uma renda.

Ressalte-se que a escolha da licenciatura pelos jovens de classes populares admite, também, um raciocínio tanto similar quanto oposto: quando jovens de classes sociais mais altas e com acesso a um capital cultural mais amplo direcionam suas escolhas para cursos de maior prestígio social como meio de manutenção de um *status* social e econômico, não como inclinação pessoal.

Para Goodall, mesmo escolhendo o curso de Biologia, a formação pela qual passaria era uma incógnita. Em minha atuação como professora nos cursos de Licenciatura, esta é uma realidade comum em turmas iniciantes. Os alunos, muitas vezes, são atraídos para o curso pela área específica sem, no entanto, terem conhecimento que a formação é para professores daquela área.

Os relatos dos professores me permitem deduzir que suas histórias de vida têm aproximações, uma vez que todos são oriundos de camadas populares da pirâmide social e vislumbravam na formação superior a assunção de que gostariam. Por isso, optaram por não correr riscos, escolhendo curso de mais fácil acesso. O processo de tornar-se professor, nesse caso, tem início em um contexto de incertezas e descrenças sobre profissão, mas também de esperança na possibilidade de mudança de vida e constituição profissional.

> O Sistema Educacional sempre situou a formação do profissional da educação [...] no contexto de um discurso ambivalente, paradoxal ou simplesmente contraditório: de um lado, a retórica histórica da importância dessa formação; de outro, a realidade da miséria social e acadêmica que lhe concedeu (Imbernón, 2010, p. 59).

O estabelecimento de estigmas em torno da profissão é, também, sob minha ótica, um fator impeditivo da convicção dos sujeitos em se reconhecerem professores. Há um significado construído e enraizado socialmente, inclusive dos próprios professores, de que a profissão docente é difícil. Propugnam a docência como profissão complicada, de trabalho excessivo, em realidades árduas com ganhos débeis. Cabe-nos pensar a respeito de como tais questões são abordadas — e se o são — no processo de formação inicial de professores, o que tem influência marcante do processo de identidade docente.

A crença no "professor resignado" impera sobre a discussão acerca das possibilidades relativas à formação docente, quais sejam: o desenvolvimento pessoal e profissional, a elaboração de pensamento livre e emancipado, a formação permanente, a ascensão na carreira e ampliação de salário, a oportunidade de transformação social, a reinvenção profissional contínua, o descortinar da miopia que impede a evolução do pensar por uma visão crítica, entre outras. Essas são possibilidades que, trazidas à pauta na formação, constituem-se discussões valiosas a respeito da profissão docente, da prática e do trabalho do professor como intervenção social, edificam novas convicções sociais.

Isso pode ser ilustrado pela fala do interlocutor Proust, durante a participação em uma roda de conversa, que, ao comentar o ser professor, afirmou:

> *Todos nós professores tivemos outros professores e procuramos nos espelhar naquele professor da gente do ensino fundamental. "O que aquele professor dava na aula? O que ele fazia de bem que agradava? Gostava das aulas dele". Então a gente procura ter um pouquinho de um, um pouquinho de outro para [...] construir um pouco desse mesmo aprendizado. Cada um de nós procura misturar o melhor de um, de outro pra tentar fazer o melhor da gente* (Proust, 2015).

Reconhecer-se professor, nessa perspectiva, vai além da formação profissional e da vinculação técnico/prática com a profissão, mas compõe o desenvolvimento pessoal do sujeito e esse desenvolvimento, por sua vez, interfere na constituição do ser professor. Essa relação dialética me faz pensar que a identidade do sujeito não *é*, mas *está* em constante transformação e se dá ao longo da vida. Como afirmam Tardif e Raymond (2000, p. 210, grifos do autor):

> Se uma pessoa ensina durante trinta anos, ela não faz simplesmente alguma coisa, ela faz também alguma coisa de si mesma: sua identidade carrega as marcas de sua própria atividade, e uma boa parte de sua existência é caracterizada por sua atuação profissional. Em suma, *com o passar do tempo*, ela tornou-se – aos seus próprios olhos e aos olhos dos outros – um professor, com sua cultura, seu *éthos*, suas ideias, suas funções, seus interesses.

A formação, nesse contexto, resguarda a atribuição de discutir aspectos relativos à constituição da identidade docente, particularmente no que tange ao sentimento de pertença à categoria, além de respaldar reflexões de futuros professores para as possibilidades de intervenção social da profissão, mesmo diante de empecilhos históricos. A compreensão que emerge é que a formação da identidade docente deve permitir ao professor, como entende Freire (1996), reconhecer que seu papel no mundo não é só o de quem constata o que acontece, mas também o de quem intervém como sujeito. O desejo pela mudança deve ser fomentado, também, pela formação.

A narrativa de Proust realça o aspecto social que marca o delinear da identidade docente. O ser professor conjectura-se como construção social, visto que influencia e é influenciado pelas interações sociais estabelecidas. Quando afirma que "mistura" o melhor de cada um para fazer o melhor de si mesmo, o interlocutor destaca que a identidade é, simultaneamente, pessoal e coletiva, marcada tanto por traços subjetivos do indivíduo, quanto por sentidos construídos socialmente.

Reconhecer-se professor pode ser fomentado, também, pelo potencial interventivo da docência quando o docente tem a reflexão e o pensamento crítico como vieses formativos e faz da transformação da realidade seu caminho profissional. Tal caminho, no entanto, é tortuoso e marcado, inclusive, pelo paradoxo ao qual Imbernón (2010) se refere, que fica manifesto na escrita dos memoriais dos sujeitos e desperta sentimentos ambíguos referentes à profissão. Demonstram não se sentirem plenamente convictos com o percurso tomado para o trabalho, entretanto evidenciam que é a profissão responsável por seu crescimento pessoal, financeiro e profissional, como manifestam nos seguintes excertos narrativos:

> *Casei cedo, não havia concluído o curso de Graduação [...] fui trabalhar numa indústria que oferecia carteira assinada e todos os direitos; passaram-se seis meses e continuava insatisfeito porque o salário era muito pouco. Fiz as contas e percebi que, com o tempo que passava na indústria trabalhando, eu ganharia muito mais se estivesse em sala de aula. Então, retornei à sala de aula seis meses depois, decidi abraçar a profissão de professor de verdade* (Proust, 2015).

> *Depois de tudo veio a Formatura e a Colação de Grau. Passei seis meses desempregada e logo apareceu o concurso da Seduc-PI. Fui aprovada em 22º lugar, mas ainda não tinha certeza se realmente queria ser professora para o resto da vida. Só a experiência dos anos me transformou numa professora* (Goodall, 2015).

> *Com esta história de lecionar, tirei minha mãe das cozinhas alheias* (Laplace, 2015).

Constato que o ser professor se desenha em diferentes momentos da vida dos sujeitos e por diferentes motivos. A resistência à entrada na profissão apontada por Proust e Goodall certifica que, mesmo com retorno financeiro e estabilidade no trabalho, a carreira docente não se mostrava atraente. Proust aponta vantagens da profissão docente em relação à outra que exercia e, ponderando essas vantagens, decidiu investir na carreira.

As revelações advindas dessas narrativas me permitem compreender que a formação, por si só, não deu conta de instituir uma identidade docente aos interlocutores que, durante ou após a formação inicial, ainda não se reconheciam como professores e resistiam a essa ideia. A propósito, Goodall ressalta que *"só a experiência dos anos me transformou numa professora"* demonstra que a experiência direta no trabalho possibilita que o sujeito conheça o ambiente e assimile saberes necessários à realização de suas tarefas, aspecto que converge para os discursos de Tardif e Raymond (2000). Convém assinalar que não é apenas a experiência que propicia o desenvolvimento da identidade docente. Desenvolvimento profissional, formação continuada, sindicalização são meios pelos quais os professores podem reconhecer-se docentes.

Mesmo tendo cumprido o Estágio Supervisionado em sua formação, a interlocutora menciona que essa ação formativa ainda não possibilitou sua identificação com a carreira. A fala de Laplace reforça essa ideia pela forma com a qual se refere à docência (*"com esta história de lecionar..."*), pois mesmo atuando como professor ainda não se sentia, de fato, como tal.

Gauss resgata em sua fala o aspecto financeiro, também citado por Laplace, que o segura na carreira. Ele afirma:

> Para mim, felicidade no trabalho é coisa de televisão. O que eu quero mesmo é receber todo mês. [...] Eu preciso de dinheiro, é o que tem pra fazer, vamos fazer (Gauss, 2015).

O excerto do interlocutor me permite constatar que a profissão encarada dessa forma ressalta o caráter de racionalidade técnica que permeou, e ainda permeia, a formação docente. Vista dessa forma, a formação contempla apenas um componente científico-cultural, relativo ao conhecimento do conteúdo a ser ensinado, e um componente psicopedagógico, que diz respeito a uma atuação eficaz na sala de aula (Pérez Gómez, 1992), como suficientes para o desenvolvimento de uma prática educativa. O professor oriundo de uma formação, nessa perspectiva, é um aplicador de instrumentos e técnicas, cuja identidade pessoal não interfere na sala de aula, considerada como contexto previsível e desconectada da realidade social em que se encontra.

Não percebi, ao analisar os excertos, indícios do comprometimento com a mudança, como nos diz Freire (1996), acerca de que o desejo para essa mudança precisa ser fomentado em uma formação que provoca curiosidade inquieta, problematiza e questiona "irracionalismos" gerados pelo excesso de "racionalidade". Essa constatação me possibilita entender que a formação docente precisa amparar o professor em aspectos referentes aos conteúdos, métodos, conhecimentos e saberes próprios da profissão, mas também na percepção que esses conhecimentos, por si sós, não dão conta das realidades que se apresentam.

Assim, a formação precisa despertar no professor constituições preliminares com a profissão, favorecendo o desenvolvimento de uma identidade que se vai formando, consubstanciando-se, ao longo de sua carreira, ampliando a capacidade de reflexão e a compreensão do papel interventivo da docência, rascunhando o ser professor.

Pela análise das falas, entrar na profissão ou iniciar a carreira não demarca o ser professor, que é um processo individual e intricado que acontece de formatos e tempos diferentes para cada profissional e que se delineia também pela constituição de uma identidade docente, a rigor, demarcada tanto por um processo dinâmico de desenvolvimento do professor, quanto por dilemas, dúvidas, falta de estabilidade e divergência que, no conjunto, constituem aspectos de seu desenvolvimento profissional, como refere Imbernón (2010).

Desse modo, para Proust, Gauss, Goodall e Laplace, o que se evidencia em suas narrativas é que o ser professor se consolida pelo vínculo financeiro com a profissão e pela experiência profissional, o que me consente coligir que a formação inicial pela qual passaram não promoveu a pertença desse grupo de professores à docência, nem mesmo a certeza de ingresso na carreira quando da conclusão de seus estudos universitários, visto que seus depoimentos não dão mostras de ter despertado, nos sujeitos, a percepção da possibilidade de interferências contextuais.

b. A experiência no Estágio Supervisionado na Formação Inicial

A leitura dos memoriais instigou-me a entender como se deu a formação inicial de nossos interlocutores, particularmente no que concerne às suas experiências no estágio supervisionado, *lócus* formativo central de nosso estudo. As narrativas demonstram que essa fase da vida dos sujeitos do estudo foi marcada por dicotomias, incertezas, insegurança, mas também por aprendizagens relevantes para sua atuação profissional.

No sentido de entender o trajeto formativo desses professores e as influências desse trajeto em suas carreiras, as escritas memorialísticas foram norteadas para as considerações sobre o Estágio Supervisionado, ponderando aprendizagens produzidas nesse contexto, relações estabelecidas com seus professores supervisores e a importância atribuída a esse momento da sua formação inicial. Entendi que o valor atribuído ao estágio na ocasião da formação inicial reflete diretamente na atuação dos professores enquanto supervisores de estágio.

É pertinente destacar que, sob minha perspectiva, o Estágio Supervisionado não se configura como momento de aplicação teórica. Trata-se de um mergulho compreensivo de contextos e especificidades relativas à profissão da qual afloram inúmeras experiências que não se ensinam, mas se aprendem. O conhecimento é produzido numa apropriação de teorias que, como sinalizam Ghedin, Oliveira e Almeida (2015), permitem analisar e compreender aspectos socio-histórico-culturais, políticos, éticos, estéticos, técnicos, organizacionais e, sem dúvida, do próprio sujeito como profissional.

Desse modo, o modelo de formação que prioriza a teoria ou o estudo de disciplinas específicas sem valorizar o conhecimento prático não condiz com a realidade nem com a demanda de formação contemporânea. Isso significa que a imersão teórico-prática se faz necessária para a compreensão, por parte do professor, dos desafios da docência. A perspectiva da imersão sobressai à articulação teoria e prática, pois entendo que toda prática é subjacente a uma teoria, embora, algumas vezes, tal teoria não seja consciente.

Nessa perspectiva, não considero teoria e prática como duas faces da mesma moeda, mas, para, além disso, uma "fusão experiencial" que, por isso, não se separa, tampouco se articula.

Lima (2012, p. 25) confirma esse panorama ao afirmar: "nada mais prático que uma boa teoria". Assim, compreendo que teoria e prática se apresentam em uma espiral fluida chamada experiência, que inicia antes mesmo da formação inicial, nas vivências enquanto estudantes, nas referências de professores que passam por nós na vida escolar e que, de alguma forma, nos marcam, nos influenciam e contribuem com nossa formação pessoal e profissional.

Nesse sentido, a formação humana não é estática nem linear, mas dinâmica, ativa, sinuosa, global. Vislumbro, desse modo, a necessidade urgente de superar os paralelismos que marcam a educação, sob pena de culminar, cada vez mais, "[...] no distanciamento entre saber e fazer, entre teoria e prática, entre mente como fim e o espírito da ação e o corpo como seu órgão e seus meios" (Dewey, 2007, p. 93).

Entendo o Estágio Curricular Supervisionado nos cursos de formação inicial como momento valoroso, embora não único, para a compreensão do contexto social, cultural e escolar e da profissão docente como atividade complexa fundamentada em experiências. A tendência hodierna das licenciaturas de desenvolvimento do Estágio Supervisionado com e pela pesquisa, pressupõe a emergência desse entendimento.

A integralidade do contexto em que vivo e atuo me desafia a entendê-lo como um todo, muito além da soma das partes, que comporta um intricado conjunto de relações e fenômenos. As polarizações e dicotomias que marcam a formação e a educação, assim, não favorecem a compreensão mais ampla do mundo e são um empecilho ao desenvolvimento da visão crítica do sujeito. Zeichner (1992) solidifica esse pensamento ao afirmar que investigar e experimentar devem ser meios de aquisição de teorias práticas, conferindo uma legitimidade ao conhecimento. Um conhecimento próprio, genuíno e conectado à realidade que se ressignifica ante as demandas surgidas.

Assim, a fragmentação entre o conhecer e o fazer, como sugere Tardif (2002), se constitui como prática falida frente às constantes mudanças pelas quais passa a realidade. Freire (1996) lembra de que o discurso teórico deve ser de tal forma concreto que se confunda com a prática. As ideias desses autores convertem-se em fortes argumentos para a proposição que resguardo de que teoria e prática não se separam, mas se consubstanciam pela e na experiência docente, provendo o sujeito de condições propícias à compreensão do contexto em que vive.

Diante disso, faz-se necessário conhecer de que modo se configurou o estágio nos cursos de formação inicial dos sujeitos desse estudo, pois entendo que as experiências vividas e as relações estabelecidas nessa atividade certamente influenciam a forma como esses professores recebem os estagiários e os acolhem na sala de aula. Os fragmentos retirados dos memoriais me permitem a aproximação com essas práticas, pelos relatos registrados por cada interlocutor em sua narratividade:

> *Ainda não tinha experiência de sala de aula, pois não havia feito nenhum Estágio Supervisionado. Assim que iniciei o estágio, com ajuda do supervisor, passei a observar melhor a realidade de sala de aula, as dificuldades que os professores e os alunos enfrentam diariamente. Isso me ajudou muito nos meus primeiros passos, principalmente como me organizar no planejamento diário, objetivos, a forma de abordar os conteúdos, valorizar o conhecimento prévio do aluno, fazer o os alunos tomarem gosto pela disciplina, o que não é uma tarefa fácil* (Proust, 2015).

> *O que me marcou muito foi o fato de professores da Prática de Ensino voltada para a Física recomendarem que omitíssemos os cálculos (ou procedimentos matemáticos) um pouco mais trabalhosos na nossa prática de sala de aula* (Gauss, 2015).

> *O Estágio Supervisionado foi dividido em Prática de Ensino I e II. Na primeira etapa, eu e uma colega fomos [...] bem recebidas e a professora titular nos acompanhou nos primeiros dias em sala de aula. Depois nos viramos sozinhas. [...] A prática de Ensino II não foi tão legal assim. Procurei uma escola próxima ao meu apartamento e não deu certo, pois achei as salas de aula muito lotadas de alunos. [...] Não tive acompanhamento, pois a professora titular entrou de licença médica poucas semanas após o início do estágio. Fiz o meu planejamento e ministrei minhas aulas, mas gostaria de ter aprendido mais. [...] Essa experiência me jogou na realidade da profissão "professora"* (Goodall, 2015).

> *Quando cursei Prática de Ensino, meu professor, que não vou citar o nome, nunca foi às escolas que fiz estágio, só pediu o Relatório e a assinatura do diretor da escola* (Laplace, 2015).

A análise empreendida à luz dos próprios relatos permite que se percebam múltiplas facetas que o Estágio Supervisionado assume na formação inicial. Para muitos professores, o estágio é palco dos primeiros contatos com a realidade da sala de aula, como salienta Proust e Goodall em seus registros. A prática no estágio, assim, subentende acompanhamento próximo do professor da instituição formativa e do professor supervisor da Escola-Campo. Os anseios e as dúvidas que marcam essas primeiras experiências, quando compartilhadas e orientadas, podem ser superados com aprendizagens importantes para o professor em formação inicial. Se, no entanto, a solidão e o descaso as marcarem, os sentimentos negativos se sobrepujam às aprendizagens, como pode ser visto na fala de Goodall ao dizer que o estágio a *"jogou na realidade da profissão"*, demonstrando sua sensação inicial de aversão à docência.

O caráter burocrático que o estágio por vezes assume (Mendes, 2006) é destacado no relato de Laplace e de Goodall. A produção de relatórios, cheia de assinaturas, mas vazia de sentido, demonstra a visão distorcida sobre essa atividade que professores e alunos nas universidades ainda admitem: foco nos instrumentos em detrimento da atividade formativa em si, e o estágio como momento de aplicação mecânica de regras e técnicas aprendidas na teoria que não tem nada a contribuir com a formação docente.

A fala de Gauss, ao referir-se à recomendação do professor em "omitir os cálculos", evidencia o discurso de Bourdieu (2012, p. 130) sobre os conteúdos "[...] objetivamente adaptados a um público definido, ao menos tanto por seu recrutamento social quanto por seu fraco volume". Ao dar essa orientação, o professor tolhe a possibilidade de desenvolvimento de saberes para ensinar (conteúdo), de estratégias de ensino por parte do professor iniciante e de vivência efetiva da docência, além, é claro, de desconsiderar o processo de aprendizagem dos alunos. A experiência individual, particular e única do indivíduo é entorpecida por "[...] contaminações empíricas e experimentais, de suas conotações metodológicas e metodologizantes" (Larrosa, 2002, p. 19).

Outro aspecto que merece atenção reside no fato destacado por Goodall ao relatar que, para realizar o estágio, procurou *"uma escola perto de seu apartamento"*. Essa ocorrência também foi ilustrada pelo interlocutor Gauss no momento de uma roda de conversa quando comentou: *"Agora, já aconteceu de eu ser rejeitado em um Estágio Supervisionado, no primeiro que eu fui, lá perto de casa, cumprindo meu papel com a Universidade e a diretora me recusou"*. Com essas afirmações, percebo a desarticulação da parelha Universidade-Escola. Os alunos das licenciaturas buscam, por si só, escolas-campo para seus estágios de acordo com critérios estabelecidos por eles, o que causa distribuição de alunos em escolas diversas e distantes e, consequentemente, um impedimento forte ao acompanhamento de todos os licenciandos pelo professor da instituição de formação.

Além disso, o distanciamento entre universidade e escola provoca constrangimentos como o descrito por Gauss. Diante de uma situação assim, pode passar a encarar a atividade como desagradável para si e para o curso. Os alunos da licenciatura têm em conta que o estágio é o cumprimento de papel junto à universidade que pode ser feito de qualquer forma e em qualquer circunstância, o que revela uma observação míope dessa atividade, como pode ser verificado no trecho do Memorial de Goodall: *"Eu não entendo como teorias pedagógicas tão distantes da realidade podem ser empregadas de forma concreta. [...] Estudei apenas teorias sem aplicações práticas no dia a dia"*. Mirar o Estágio Supervisionado como contexto de aplicação de teorias, como algumas instituições formativas ainda concebem, embaça as potencialidades da atividade, impede uma percepção crítica da realidade, diminui o valor das teorias, descaracteriza a prática como atividade teórica e atravanca o desenvolvimento de saberes relativos à docência. O Estágio Supervisionado não deve ser espaço de teorias vazias ou empirismos desconexos. Conforme Piconez (2012, p. 23), teoria e prática:

> [...] São as duas obrigações de unidade que revelam estreita e rigorosa síntese [...] que só se pode exprimir por sentido bidirecional, através da relação dialógica. Essa unidade situa-se no centro em que a teoria é

determinada pelo conhecimento preciso da prática e no qual, em contrapartida, a teoria determina com mais rigor sua experiência.

O Estágio Supervisionado, portanto, desempenha uma função ímpar no processo de formação inicial docente. A experiência proporcionada pela vivência dessa atividade formativa deve transcender, por isso, a mera obrigação ou o cumprimento burocrático de uma exigência curricular, como ressaltam os interlocutores, e proporcionar aprendizagens e produção de saberes peculiares à docência. O estágio, para mim, é espaço de criação e produção de conhecimento, interpretação e intervenção da realidade.[15]

Além disso, pressupostos e normas sociais são sedimentados na formação inicial e no Estágio Supervisionado, viabilizando traços para o desenho da identidade profissional docente. Concebido como experiência reflexiva, o Estágio Supervisionado pode potencializar o desenvolvimento de formações mais articuladas às realidades e de práticas transformadoras.

Nessa perspectiva, o estágio se faz importante e necessário à medida que favorece não só o entendimento de teorias, mas sua vivência, por meio da pesquisa, da experiência e da compreensão do contexto social.

Por sua relevância, normativas e regulamentações são elaboradas para estruturar o Estágio Supervisionado e garantir sua realização nos cursos de formação profissional. A Lei de Diretrizes e Bases (LDB n. 9394/96), de forma tímida, regulamenta em seu Título IV — Dos profissionais da Educação — algumas linhas norteadoras

---

[15] A importância do estágio é evidenciada na literatura: Lima (2012) salienta o estágio como um momento de prática que é também momento de teoria, discute a importância da pesquisa nas atividades do estágio supervisionado, além de discutir a escola como espaço de formação docente. Pimenta e Lima (2011) realçam o estágio como um momento de construção da identidade profissional e destacam a importância dessa atividade formativa mesmo para quem já exerce o magistério. Zeichner (1992) afirma que o estágio deve se configurar em investigação e experimentação como meio de aquisição de teorias práticas. Barreiro e Gebran (2006) citam a prática de ensino como momento articulador da formação do professor destacando o caráter teórico-prático que o estágio deve ter. Os autores citados, entre outros, sobrelevam também que os estágios podem ser uma oportunidade de fortalecimento da formação dos futuros docentes, de estabelecimento de parcerias entre universidade-escola, de compreensão dos desafios que, como futuros professores, os alunos deverão enfrentar e, ainda, de integração da formação inicial e continuada dos professores.

para planejamento do Estágio Supervisionado. Aparece, no texto da Lei, a necessidade de associação entre teorias e práticas e a prática de ensino de, no mínimo, 300 horas.

Após a publicação da Lei, surgem normatizações mais específicas que visam organizar e regulamentar o Estágio Supervisionado na formação de professores. O Quadro 4, a seguir, dispõe algumas medidas legais publicadas pelo Conselho Nacional de Educação, desde a promulgação da LDB n. 9394/96, bem como ao que se refere cada uma delas.

É válido ressaltar que a fonte consultada expõe diversos outros pareceres entre os anos de 2003 e 2012, contudo, eles abordam o estágio no Ensino Médio, Educação Profissional, Educação de Jovens e Adultos, cursos de Bacharelado, entre outras formas de estágio que destoam do foco deste estudo: o Estágio Supervisionado na formação de professores. Por isso, eles não compõem Quadro 4.

As normatizações buscam aprimorar a oferta de estágio no âmbito dos cursos de formação de professores, potencializando as oportunidades de aprendizagem de futuros docentes. É válido perceber que atividades importantes da ação docente são citadas como etapas do estágio a ser vivenciado. Além disso, as orientações sempre são no sentido de diminuir a concentração do estágio a uma parte específica do curso e dilui-lo em diferentes momentos da formação inicial. Essa necessidade foi sentida pela interlocutora Goodall, que, numa discussão em roda de conversa, citou *"Esses estágios deveriam começar antes na licenciatura"*.

As 300 horas anteriormente estipuladas pela LDB são ampliadas para 400 horas em 2002. Em 2006, o Parecer n. 5 faculta a carga horária do Estágio Supervisionado para 300 horas, o que se configura em retrocesso para a atividade formativa em discussão. Desde a promulgação da LDB, há diversos pareceres que respondem a dúvidas bem específicas, o que sugere que o processo de estruturação da atividade formativa do estágio gerou muitas incertezas às instituições formadoras.[16]

---

[16] Em minha realidade específica, pontuo que o Estágio Supervisionado no âmbito do IFPI passou, nos anos de 2014 e 2015, por reestruturações no sentido de padronizar a operacionalização nos *campi* e, especialmente, otimizar as aprendizagens dos licenciandos e estreitar vínculos entre Universidade e Escola-Campo. É válido glosar os pontos retirados do Parecer CNE/CP n. 27/2001 e colocados em destaque no Quadro 4. Por essa regulamentação, a Escola-Campo aparece com a função de supervisora do estágio e sua corresponsabilidade pelo acompanhamento e formação do estagiário é realçada.

Quadro 4 – Normatizações do estágio supervisionado pós-LDB

Regulamentação	Data de aprovação	Teor
Parecer CNE/ CEB n. 744/97	03/12/1997	Orientações para cumprimento do artigo 65 da Lei 9.394/96 – Prática de Ensino de, no mínimo trezentas horas. Estabelece que a Prática de Ensino deve ter acompanhamento e supervisão da instituição formadora e incluir, além das atividades de observação e regência de classe, ações relativas a planejamento, análise e avaliação do processo pedagógico.
Parecer CNE/ CEB n. 518/98	05/08/1998	Consulta sobre denominação de disciplinas e sobre a carga horária de estágio supervisionado, tendo vista a LDB (Lei nº 9.394/96).
Parecer CNE/ CP n. 27/2001	02/10/2001	Altera a redação do Parecer CNE/CP 9/2001, aprovado em 8/05/2001 para, entre outros aspectos: O estágio obrigatório [...] deve, de acordo com o projeto pedagógico próprio, se desenvolver a partir do início da segunda metade do curso, reservando-se um período final para a docência compartilhada, sob a supervisão da escola de formação, [...] As duas instituições assumam responsabilidades e se auxiliem mutuamente, o que pressupõe relações formais entre instituições de ensino e unidades dos sistemas de ensino. [...] O estágio não pode ficar sob a responsabilidade de um único professor da escola de formação, mas envolve necessariamente uma atuação coletiva dos formadores.

Além disso, a atuação conjunta e compartilhada dos formadores é posta em evidência. A Lei 11.788 (25/09/2008), que passou a ser alcunhada de Lei do Estágio, pormenoriza orientações no sentido de reduzir as dúvidas surgidas. Entre pontos clarificadores como definição de estágio, modalidades (obrigatório e não obrigatório), e o realce ao espaço profissional como campo de estágio, saliento o que diz o Art. 3º, § 1º: "O estágio, como ato educativo escolar supervisionado, deverá ter acompanhamento efetivo pelo professor orientador da instituição de ensino e por supervisor da parte concedente" (Brasil, 2008). A citada norma impõe a necessidade de orientação do professor da escola-campo e evidencia o comprometimento deste profissional com a formação inicial dos professores, como havia sido posto em relevo pelo Parecer CNE/CP n. 27/2001. Proust, em seu memorial, realça essa importância ao afirmar "[...] tenho certeza de que a atuação do supervisor de estágio é de extrema importância para os profissionais".

Regulamentação	Data de aprovação	Teor
Parecer CNE/CP n. 1/02	18/02/2002	Institui que a prática, na matriz curricular, não fique reduzida a um espaço isolado, que a restrinja ao estágio, desarticulado do restante do curso, mas esteja presente desde o início do curso permeando toda a formação do professor.
Parecer CNE/CP n. 2/02	19/02/2002	Regulamenta 400 (quatrocentas) horas de estágio curricular supervisionado a partir do início da segunda metade do curso.
Parecer CNE/CP n. 5/06	04/04/2006	Regulamenta, entre outros pontos, a carga horária dos cursos de Licenciatura específica para, no mínimo, de 2.800 horas de efetivo trabalho acadêmico, das quais, no mínimo, 300 horas dedicadas ao estágio supervisionado.
Resolução CNE/CP n. 2/15	01/07/2015	Define as Diretrizes Curriculares Nacionais para a formação inicial em nível superior (cursos de licenciatura, cursos de formação pedagógica para graduados e cursos de segunda licenciatura) e para a formação continuada. Define 400 h/a de Estágio Supervisionado nas licenciaturas, distingue a Prática como Componente Curricular do estágio supervisionado ressaltando que ambas as atividades necessitam supervisão; Regulamenta a redução de 100 h/a de estágio para portadores de diploma de licenciatura com exercício no magistério comprovado.

Fonte: elaborado por Maciel (2015)

A Resolução n. 2/2015 marca um avanço no que diz respeito à organização e estruturação do Estágio Supervisionado ao retomar normativas anteriores e determinar orientações mais objetivas para esta atividade. O documento ratifica o Estágio Supervisionado como tempo de aprendizagem, retoma a abertura das escolas de educação básica para essa atividade, propõe uma articulação mais próspera entre Universidade e Escola ao sugerir que professores em atuação na escola-campo podem receber formação continuada da instituição de educação superior e definir a supervisão de docentes da instituição formadora e o acompanhamento de professores supervisores como essencial na formação do futuro professor.

O que causa incerteza, entretanto, é se, de fato, o Estágio Supervisionado tem acontecido nos moldes propostos por tantos pareceres e normatizações. Essa atividade formativa ainda não está entre as prioridades de atuação dos professores supervisores e, principalmente, o compromisso destes com a formação dos futuros docentes não mereceu a importância devida.

Isso decorre, entre outras possibilidades, do desconhecimento das normas que os qualificam como supervisores de estágio, da atribulação que vivem na profissão — o que entrava sua participação em outras atividades — ou mesmo da escolha pela abstenção, como forma de não se envolver em outras ações tão essenciais da atividade docente. Assinale-se que a atuação na supervisão não é computada na carga horária da ocupação docente dos professores supervisores, o que também prejudica seu envolvimento com a atividade.

O interlocutor Laplace, na ocasião da roda de conversa, confirma o desconhecimento sobre sua atuação enquanto supervisor e relata: *"quando mandaram a primeira vez pra mim, eu não sabia nem o que era isso (supervisão). Eu ia era embora pra você ter uma ideia"*. Gauss complementa essa ideia ao pontuar: *"teve umas vezes que um jovem chegou pra mim, me fez umas perguntas, eu respondi e fui embora. Ele nunca mais apareceu"*.

A supervisão de estágio, nas condições narradas, pode ser caracterizada por relações distantes e sem sentido formativo para nenhum dos envolvidos. O estagiário, mesmo inexperiente, com dúvida ou sem consistência teórico-prática, é considerado substituto do professor e o estágio como momento de "folga" do titular da sala de aula. Essa situação pode ser reflexo das experiências dos supervisores em seu estágio na formação inicial. Ao não perceberem a importância da supervisão para si, na própria formação, desconsideram-na irrelevante na formação de outros professores, pois essa forma de conceber o estágio:

> [...] gera o conformismo e conserva hábitos, ideias, valores, comportamentos pessoais e sociais, legitimados pela cultura dominante, uma vez que o estágio se reduz à observação de professores em aula, sem envolver uma análise crítica, fundamentada teoricamente e na realidade social em que o ensino se processa (Ghedin; Almeida; Leite, 2008, p. 34).

Para Vieira (1993), no entanto, a supervisão de Estágio Supervisionado na formação de professores pode ser caracterizada como uma atividade de monitoramento sistemático da prática, com vistas ao desenvolvimento de condutas reflexivas e de experimentação por parte do professor em formação. Tendo essa perspectiva como norte, em vista do exposto, foi também minha intenção, durante os momentos nas rodas de conversa, despertar a atenção e o comprometimento dos professores supervisores com a formação de outros docentes, a partir da vivência como interlocutor neste estudo.

Diante da análise empreendida, deduzo que o formato admitido pelo Estágio Supervisionado na formação inicial dos professores suscita firme interferência no processo formativo dos professores, abrigando tanto possibilidades de desenvolvimento profissional como limites a uma prática reflexiva de compreensão da, e intervenção na, realidade. Esse panorama influencia também a atuação dos professores enquanto supervisores de estágio.

Em consequência das relações que estabeleceram como estagiários, podem menosprezar a importância do supervisor na constituição de futuros docentes ou reconhecer o valor de uma prática supervisiva pautada na orientação, no acompanhamento sistemático, na problematização e no diálogo necessário entre escola e instituição de formação.

III

APRENDIZAGENS DOCENTES E EXPERIÊNCIA PROFISSIONAL: CONEXÕES ESTABELECIDAS NO INÍCIO DA CARREIRA E NA PARELHA UNIVERSIDADE-ESCOLA

> *– Tenho muita pena das professoras, coitadas, falam tanto!*
> *– É verdade – respondeu a Professora, com um suspiro.*
> *Clara Luz ficou muito contente: – Então, se está de acordo, por que não vamos para o horizonte já?*
> *A professora levou um susto: – Não pode ser! – Por quê?*
> *– Não sei se é permitido... Não foi assim que eu aprendi horizontologia no colégio...*
> *– Por isso é que a senhora é tão magrinha. – Hein? – Coitada, levou anos aprendendo horizontologia sentada!*
> *– A professora levantou-se de repente: – Sabe de uma coisa? Vamos!*
> *Clara Luz ficou radiante: – Eu sabia que ia gostar dessa aula.*
> *[...] A professora passava o dia dando lições para sustentar a mãe, uma fada velhinha, que já não podia trabalhar nem fazer mágicas. Ganhava vinte estrelinhas por aula e não tinha tempo para passeios.* (Almeida, 2007, p. 23-24)

No trecho da epígrafe, percebe-se o caráter investigativo despertado na professora pela provocação da aluna. Mesmo insegura diante da realidade que se lhe apresentava, uma vez que sua formação pessoal e profissional foi pautada na observação e na postura passiva, permitiu-se viver a experiência e aprender nela e com ela, transgredindo o ciclo de conformismo que ainda marca a educação.

Antes de prosseguir com a discussão, é notória a premência de caracterizar a experiência sobre a qual me refiro. Assento-me em bases deweyanas para afirmar que a experiência não é uma atitude cega diante da realidade, mas sim um modo de aprender a partir de uma postura investigativa e de um pensar crítico. Essa forma de pensar permite rever e ampliar conhecimentos existentes e reorganizá-los. Esse movimento é descrito por Dewey (2007, p. 54) da seguinte maneira:

> Os homens partiram daquilo que era transmitido como conhecimento e investigaram criticamente as bases que o sustentavam; observaram as exceções; utilizaram novos artifícios mecânicos para esclarecer dados inconsistentes com aquilo em que acreditavam, usaram a imaginação para conceber um mundo distinto daquele em que seus antepassados haviam depositado sua verdade.

O autor deixa transparente o caráter ativo do sujeito que experimenta e age sobre o meio experimentado, ao tempo que aprende, nesse meio, o modifica. Larrosa (2002, p. 19) realça a passividade como característica desse sujeito, mas clarifica: "trata-se, porém, de uma passividade anterior à oposição entre ativo e passivo, é uma passividade feita de paixão, de padecimento, de paciência, de atenção". Para além da discussão entre ativo e passivo, depreende-se que o sujeito da experiência é alguém implicado em conhecer e desimpedido de aprender.

Nesse sentido, a experiência é aquilo que nos toca, nos marca e nos mobiliza. A formação de professores carece de configurar-se como experiência formativa que possibilita ao professor a descoberta de caminhos, a revisão de finalidades, a (re)construção da prática, a investigação, a didática, a organização escolar, a partilha de conhecimentos entre pares numa tendência evidente de empoderar o professor de pensar na experiência, a partir dela e, principalmente, modificar-se com ela.

A ação formativa do Estágio Supervisionado pode ser espaço privilegiado de desenvolvimento de compreensões e conhecimentos acerca da docência, convertidos em aprendizagens docentes. Para Zeichner (1992), o termo "aprendizagem" não estava em boa conta na formação de professores, entretanto, nos últimos anos, houve um reencaminhamento do uso do termo aplicado ao *practicum:* prática vivida, considerando, além da sala de aula, a escola e o currículo, o contexto político e comunitário e a destruição de barreiras ideológicas que impedem a ampliação da visão de mundo.

Essa aprendizagem envolve o sujeito em experiências reais, que lhe possibilitam conhecimento, e, por isso, altera seus dispositivos cognitivos e não só o seu comportamento. Assim, variações intelectuais de progresso social, como observar, imaginar, julgar e inventar (Dewey, 2007) passam a ser favorecidas e estimuladas. São, nesse sentido, dois conceitos que se enredam no sentido de uma formação mais complexa e de caráter transformador: aprendizagem e experiência.

Aprendizagem pressupõe adquirir conhecimento, tornar seus saberes habilidades e competências. Experiência, como cita Larrosa (2002), não é o que acontece, mas o que nos acontece e nos toca. Ao viver a experiência, o sujeito torna seus os conhecimentos heterogêneos, e, por isso, únicos, particulares. Aprender é, pois, a experiência subjetiva e singular de compreender a realidade.

Foco meu olhar sobre as aprendizagens docentes desenvolvidas na experiência profissional pelos professores supervisores partícipes de nosso estudo, tanto no contexto início da carreira docente, como na parceria estabelecida entre universidade e escola, perspectivando apreender como vivenciam suas experiências, que sentidos atribuem a elas e o que e como aprendem nessas situações. Pensar a aprendizagem do adulto professor requer considerar que "[...] ele não se contenta em ser mero repetidor de cultura, mas deseja produzir cultura e faz isso a partir de seu próprio desenvolvimento. Ao expandir-se no contato com o outro, transforma-se e transforma o outro" (Furnaletto, 2003, p. 20).

Embora a aprendizagem tenha sido objeto de estudo recorrente na área da Psicologia, pouco se buscou entender o processo de aprender dos adultos que, sem dúvida, é diferente do das crianças. De modo geral, a aprendizagem humana, como fenômeno e processo, ocorre em qualquer espaço, em qualquer cenário (Placco; Souza, 2003) e transcende instituições e momentos formais de ensino.

No tocante à aprendizagem do adulto, no caso professor supervisor, há que se considerar, como lembra Furnaletto (2003), que ele tem vontades, desejos e ideias próprias e, por isso, não pode ser afetado tão facilmente pelas demandas que vêm de fora, embora o seja. A maneira como essa aprendizagem vai tocar o supervisor depende de várias relações que estabelece, por exemplo: com sua formação, sua profissão, seus pares, seus alunos e consigo mesmo.

Arrisco-me, nessa perspectiva, a compreender as aprendizagens dos professores supervisores em situações particulares, mas não estanques, como o início de suas carreiras docentes e a parceria Universidade-Escola, em que eles atuam como supervisores de estágio.

O início da carreira é um momento marcante da vida do professor por abrigar a transição de aluno a profissional. O Estágio Supervisionado, sob meu ponto de vista, deve ser momento de experiências importantes na formação, tanto para professores em formação quanto para professores supervisores, pois é oportunidade em que os conflitos reais convertem-se em dúvidas e reconfiguram as certezas, de modo a produzir aprendizagens importantes nos indivíduos imersos neste contexto experiencial.

De modo particular, para o professor supervisor, o estágio se esculpe como situação de aprendizagem e formação para ele por meio do diálogo estabelecido entre Universidade e Escola. As experiências vividas nessa circunstância são importantes e influenciam a prática do professor.

Larrosa (2002, p. 23) afirma que "existe um clichê segundo o qual nos livros e nos centros de ensino se aprende a teoria", mas, como já mencionei, a teoria é prática e a prática é experiência teórica. Existe algo da formação que só se experimenta na sala de aula, com alunos reais, numa escola real. Nesse caso, o que o professor teoriza está contido nessa prática.

O sujeito, ao viver a experiência, prossegue num caminho tortuoso e incerto, produzindo aprendizagens diversas. O sujeito da experiência se delineia por sua disponibilidade e capacidade receptiva

(Larrosa, 2002). Desse modo, experienciar é ir além de passar por acontecimentos, é ser afetado por eles. Esse processo é tão próprio e íntimo que um mesmo acontecimento promove experiências diferentes em duas pessoas pela forma ímpar com que as acomete.

Dessa forma, a construção de saberes, conhecimentos e habilidades deve ser pautada em ações que vislumbrem as transformações no contexto real. O Estágio Supervisionado é uma estratégia formativa que pode favorecer o redirecionamento dos conhecimentos da prática docente, oportunizando ao professor supervisor, sem imposições formativas, mas, a partir de sua experiência na supervisão de alunos-estagiários, a consciência de sua própria aprendizagem, cujo objeto, para Dewey (2007), é a capacidade de desenvolvimento constante. Em face do exposto, contemplam-se as aprendizagens docentes dos professores supervisores de estágio produzidas na experiência profissional.

Eixo 2: Aprendizagens Docentes Produzidas na Experiência Profissional

As aprendizagens docentes, segundo Cunha (2011), são processos contínuos que ocorrem ao longo da vida e da carreira dos professores, e não se limitam aos espaços formais e tradicionais de formação, além disso, preveem que os professores aprendem ensinando e aprendem com outros professores. Podem ser entendidas, também, como processo em que o professor produz conhecimentos, resolve problemas e supera incertezas do contexto educativo. Ainda para Cunha (2011, p. 65), "[...] essa busca se prolonga por toda a vida profissional, pois o conhecimento está sempre em construção e desse modo ele é provisório, inacabado, inconcluso".

A aprendizagem docente se relaciona com diferentes momentos da vida. Os que acontecem antes da formação inicial, durante a formação inicial, e os que acontecem nos primeiros anos de carreira, além da relacionada ao desenvolvimento profissional, em que a prática e a experiência pessoal são importantes elementos no processo de aprendizagem.

Em estudos sobre a aprendizagem docente (Mizukami, 2005), há destaque para as diversas fontes e espaços de desenvolvimento dessa aprendizagem. Enfoquei o contexto do início da carreira, momento no qual o professor se dá conta da disparidade entre o que idealizou como aluno de formação e a real situação de trabalho (Huberman, 1995). As aprendizagens produzidas nesse momento da experiência profissional podem orientar as atitudes dos professores, as relações que estabelecem com os pares, com os alunos e com a escola, além da sua constituição como profissional, conduzindo a novas aprendizagens e direcionando o movimento de (trans)formação permanente.

a. Aprendizagens no Contexto do Início da Carreira Docente

A entrada na carreira docente é, de modo recorrente, marcada por sentimentos ambíguos de insegurança e entusiasmo pelo professor iniciante. Ao tempo em que sente suas próprias fragilidades, relacionadas com o conteúdo disciplinar e com o modo de lidar com os alunos, por exemplo, percebe debilidades contextuais, como materiais didáticos deficitários, estruturas físicas arruinadas e indisciplina dos alunos. Mesmo diante desse quadro, sente-se motivado a superar desafios e desenvolver uma prática significativa.

Huberman (1995) chama a atenção para o "choque de realidade", desse momento, que impulsiona movimentos característicos dessa fase: a sobrevivência e a descoberta. No fluxo desses movimentos, o professor vai estabelecendo a harmonia entre a empolgação e insegurança iniciais, desenvolvendo aprendizagens relevantes à constituição de si enquanto pessoa e profissional.

O início de carreira do professor abriga incertezas, anseios e medos que podem encobrir ou favorecer aprendizagens constituintes de um arcabouço importante de conhecimentos e experiências para o professor. As relações que o professor estabelece com essas aprendizagens podem influenciar sua atuação na carreira, as tomadas de decisões, posturas adotadas entre outros aspectos que delineiam seu perfil. Assim, interessei-me em conhecer as aprendizagens produzidas pelos interlocutores do estudo, no início de suas carreiras, e entender de que forma essas aprendizagens intervêm em suas experiências profissionais. Em seus memoriais, eles registraram:

> As dificuldades surgiram, pois lidar com adolescentes não é nada fácil, era preciso, além de ter conhecimento sobre o conteúdo, ensinar de forma clara e simples, aprender que a cada dia aparecem dificuldades para se enfrentar, e que isso faz parte do dia a dia. Alunos problemáticos no início da carreira às vezes desestimulavam, mas a vontade de acertar e de vencer nos faz superar as dificuldades. Aprendi que não existe o professor perfeito, que é preciso ser crítico e autocrítico se queremos melhorar como profissional (Proust, 2015).

> Aprendi que para ser professor teria que perder o medo de falar em público. Para conseguir isso, tentei primeiro não ter medo de errar. O erro faz parte. Depois percebi que, para lecionar, além do conhecimento sobre a disciplina a ser ministrada, teria que ter "doses" enormes de paciência, uma vez que lidar com pessoas diferentes em um mesmo ambiente é uma tarefa quase impossível (Gauss, 2015).

> Lidei com alunos interessados, desinteressados, disciplinados, danados, debochados e agressivos. Aprendi a separar brigas, encerrar discussões e a ser mais tolerante em algumas situações (Goodall, 2015).

Por meio dessas narrativas, percebem-se claramente os sentimentos paradoxais de entusiasmo e hesitação pelos quais passam os professores no início da carreira. Proust demonstra sua dificuldade ao mobilizar diversas habilidades necessárias para ser professor que, no início da carreira, compõem-se de dificuldades quase impossíveis de superar. Salienta, no entanto, o espírito motivado e persistente com o qual encarou os desafios e a constatação de que a formação inicial não dá conta de "preparar" o professor, que se vai aprimorando nas experiências vivenciadas. Furnaletto (2003) afirma que o adulto, ao finalizar um curso preparatório para a docência, era tido como alguém preparado para lidar com as intercorrências da profissão, mas a educação e, consequentemente, a formação docente são um processo sem fim que acontece em tempos e espaços diversos.

O entusiasmo descrito por Proust no início de sua carreira pode ser vislumbrado nos licenciandos, ao vivenciarem o Estágio Supervisionado. Gauss, em uma roda de conversa, chama a atenção para esse aspecto:

> *O fato de os jovens estarem motivados a mobilizar, a montar os equipamentos, sabe? A mostrar aquela vontade, aquela prática de você montar e ver aquilo funcionar e dar certo. Realmente aquilo motiva muito, não só a mim, mas a todo mundo que trabalha no processo, os alunos, não só a mim, como a eles próprios* (Gauss, 2015).

Nesse trecho, a descrição da forma como o vigor dos estagiários, considerado por mim similar ao do professor em início de carreira, contagia a todos, inclusive ao professor supervisor, me faz pensar a necessidade de um investimento sistemático em formações contínuas que envolvam perspectivas diversas do docente (motivação, sentimento de pertença, desenvolvimento pessoal, entre outros).

A visão da racionalidade técnica, que marcou a profissão docente por muito tempo, pressupunha o professor como detentor do conhecimento validado pela instituição escolar, desconsiderando saberes dos alunos e a possibilidade de aprendizagem do professor pelas diversas formas, inclusive com os alunos. Quando Gauss ressalta, em seu Memorial, que o professor *"pode errar"*, admite que o professor esteja sempre em processo de aprendizagem. Entretanto, Pérez Gómez (1992, p. 96) destaca que "são familiares as metáforas do professor como modelo de comportamento, como transmissor de conhecimentos, como técnico, como executor de rotinas". Essa perspectiva ainda permeia cursos de formação inicial e constitui fator complicador para as aprendizagens do professor. Sabe-se que só se aprende quando se está disponível, e, para estar disponível, precisa-se ter a consciência da incompletude que se engendra por um processo formativo que desperte a reflexão.

Além disso, ao admitir a diversidade dos alunos, Gauss deixa subentender que o professor precisa assumir posturas diferentes, para trabalhar a pluralidade que se lhe apresenta. Paciência, como cita Gauss, e tolerância, como lembra Goodall, são características fundamentais a quem se responsabiliza pela (trans)formação humana, visto que "como ser educador, se não desenvolvo em mim a indispensável amorosidade aos educandos [...]?" (Freire, 1996, p. 67). Desse modo, o exercício de compreender os diversos contextos e subjetividades demanda do professor uma atitude de autoridade e de aceitação do outro.

Ao enumerar e classificar os tipos de alunos, Goodall assume essa diversidade, entretanto, destaca tais características como inerente aos alunos. É preciso entender que muitos comportamentos apresentados pelos discentes são reações aos contextos socioeconômicos adversos em que vivem. A formação docente precisa fornecer condições ao professor de desenvolver uma visão crítica sobre a escola, sobre o indivíduo, sobre a sociedade, de tal maneira, que seja possível ver o aluno como alguém com potencialidades podadas pelas circunstâncias e não como causador delas.

Percebo, contudo, uma visão generalizada dos interlocutores sobre os alunos como "culpados" por não aprenderem ou por favorecem a precariedade do sistema escolar. Essa forma de compreender os discentes pode ser consequência de uma formação pautada na racionalidade técnica que prevê os alunos, segundo Cortesão (2011, p. 46), "[...] como receptores, como captadores desta mensagem de saber, mensagem esta que se deseja clara, pertinente, profunda, correta e atualizada". Nessa perspectiva de formação, o professor competente assume uma postura de transmissor desse conhecimento válido. Características como inventividade, criatividade e potencial de descoberta são descartadas nas condutas docentes e discentes. Nas rodas de conversa, os interlocutores afirmaram:

> *Porque, infelizmente, são poucos alunos que estão aqui na escola com intuito de vir à escola para realmente aprender e a gente sabe que quando o aluno realmente tem esse interesse, esse objetivo de aprender, ele consegue* (Proust, 2015).

> *É uma forma de ensino atrasada? É. Mas é justa, é igual pra todo mundo e só cresce, só se desenvolve nesse processo quem realmente tem vontade de crescer e quer, quem não quer vai ficar pra trás. [...] O ensino público, ao menos até onde eu tenho visto, a qualidade dele independe da qualidade do professor. Como eu disse aqui, se você trouxer o Gelson Iezzi pra dar aula pra eles, a prova vai ser zero. Se você trouxer o Manuel Paiva, a prova vai ser zero e por aí vai, então independe da qualidade, então o que depende do ensino é a vontade dos ouvintes lá, dos estudantes em quererem aprender. Se eles quiserem aprender, vão ter dificuldade? Vão. Vão errar muito? Vão, mas vão aprender, se não querem, você pode trazer o professor mais renomado aqui* (Gauss, 2015).

> *Até parece que o erro, a falha, está no professor e isso não é verdade. Você passa uma atividade, eu deixei uma atividade aqui com eles segunda e terça-feira. Eu deixei pra casa quatro questões no 2º Ano. Quatro questões. Hoje eu cheguei, olhei nos cadernos e estão lá, as quatro questões. Mas a resposta, Deus sabe onde é que anda* (Laplace, 2015).

Nos excertos destacados, os interlocutores descrevem o sentimento de descrença que, muitas vezes, permeia a atuação docente. Ao polarizar a responsabilidade pelo sucesso ou pelo fracasso de um processo tão complexo como a educação, demonstram o resultado de uma formação de professores que privilegia a formação técnica e instrumental do professor, preparado para atuar em contextos controlados e previsíveis. Essa visão reducionista que entrava a prática transformadora pautada na criticidade é resultado do processo formativo do "bom professor" (Cortesão, 2011): aquele que sabe o conteúdo científico, que explica bem e com clareza ao nível etário dos alunos, que traduz (simplificando) grandes teorias, que torna o conhecimento produzido por outrem acessível.

A formação, no entanto, deve dar ao professor requisitos imprescindíveis, para perceber que há uma série de entes e fatores enredados no labirinto da realidade, que implicam o processo educativo: professores, alunos, família, gestão escolar, sistema educacional, entre outros aspectos, influenciam os modos de ser, aprender e ensinar. Como diz Zabalza (1998, p. 16):

> A estrutura da prática obedece a múltiplos determinantes, tem sua justificação em parâmetros institucionais, organizativos, tradições metodológicas, possibilidades reais dos professores [...]. Mas a prática é algo fluido, fugidio, difícil de limitar com coordenadas simples, [...] já que nela se expressam múltiplos fatores. [...] Sob uma perspectiva positivista, buscaram-se explicações para cada uma destas variáveis, parcelando a realidade em aspectos que por si mesmos, e sem relação com os demais, deixam de ter significado ao perder o sentido unitário do processo ensino/aprendizagem.

É preciso seguir em busca de um modelo formativo que permita ao professor perceber essa complexidade, sob pena de se continuar formando professores preocupados com a "[...] busca de neutralidade no ato educativo, pela ideia de que se conseguirá proporcionar igualdade de oportunidades aos alunos (vistos como iguais em diferentes aspectos)" (Cortesão, 2011, p. 47), oferecendo um ensino idêntico a todos.

A fala do partícipe Gauss me faz refletir ainda sobre a expansão do sistema escolar para a chamada "escola de massas" (Formosinho, 2009), a escola mais ampla e abrangente, para todos. Quando a escola se ampliou para receber a todos, trouxe para si muitas particularidades e problemas socioculturais que afetam o desempenho educativo de todos os envolvidos. A escola não conseguiu acompanhar as mudanças impostas por essa nova realidade e insistiu em metodologias e conteúdos para poucos, desconsiderando as diversidades que se apresentavam. Mas tal fato ainda é desconsiderado pela escola que, muitas vezes, não acolhe as diferenças individuais, e por alguns modelos formativos da atualidade, que priorizam uma escola ideal com alunos ideais.

Nesse caso, refiro-me ao que Bourdieu (2012) conceitua como *habitus*: um cabedal de crenças, valores, padrões de pensamento e de comportamento que constituem um cenário seguro gerador de acomodação, como o descrito pelos interlocutores do estudo. Ao acreditarem que a realidade é assim formada, que os alunos correspondem a um arquétipo imutável e que nada pode ser feito em relação a esse contexto, isentam-se de sua responsabilidade interventiva e resignam-se.

Essa ideia fica clara, ainda, na "profecia" de Gauss, a qual afirma que os alunos jamais aprenderão, mesmo que professores reconhecidos por seu notável desempenho venham a lhes dar aula.

A postura do professor me remete a uma analogia com o mito de Sísifo: condenado a, todos os dias, rolar uma pedra morro acima e, ao concluir sua tarefa, a pedra rola de volta morro abaixo, fazendo-o realizar o trabalho, sem nenhum sentido, continuamente. Admitir que os alunos não aprendem e que as realidades não se transformam é, também, e de modo incoerente, dar ao seu próprio trabalho uma dimensão vazia de essência uma vez que nada se modificará.

Pode-se encontrar, em Imbernón (2010, p. 63), a preocupação com uma formação que permita ao professor "[...] assumir a tarefa educativa em toda sua complexidade [...] e evitar cair no paradoxo ensinar ou não ensinar". A prática norteada por essa formação estimulada na racionalidade técnica leva ao descrédito da escola enquanto instituição educativa, do professor enquanto profissional e da perspectiva de mudança por parte dos alunos, o que pode ser certificado na narrativa de Gauss durante uma roda de conversa quando relatou o que disse para um aluno, em sala de aula: "*Hoje a dificuldade de vocês é em física, amanhã vai ser o dinheiro pra pagar as contas do dia a dia, as contas do mês*". Ao que o aluno, prontamente, respondeu: "Sim, mas o quê que isso tem a ver com essa escola aqui?".

Da história contada pelo interlocutor, depreendo algumas inferências. A primeira delas diz respeito à desarticulação entre o conhecimento científico e os conhecimentos prévios trazidos pelos alunos à escola. O sistema escolar é pautado na reprodução de um conhecimento pronto, diferente do conhecimento de fora da escola e impassível de (re)invenções. "Aos alunos lhes é transmitido um mundo feito, não um mundo em processo de construção e representação, o que desmotiva a curiosidade e o interesse deles" (González Rey, 2008, p. 31).

Nessa perspectiva, passa-se a ideia dicotômica do conhecimento *versus* o sujeito aprendente, marca de um modelo formativo positivista que privilegia a reprodução.

> O que é o conhecimento se não subsistir na pessoa? O que é o conhecimento se não uma produção humana?

Aprender dessa forma, do ponto de vista de professores e alunos, reduz-se ao consumo do conhecimento e não à "aventura criadora" defendida por Freire (1996).

Outro aspecto que depreendo, a partir da narrativa de Gauss, é o quanto ainda nos agarramos à lógica do sistema capitalista: aprender para trabalhar, trabalhar para se sustentar. A educação, sob esse ângulo, não admite nenhum potencial interventivo e provoca cegueira no aluno diante da possibilidade de mudança de seu contexto. Ele, enquanto aluno, está ali para fomentar uma estrutura existente e contribuir para sua conservação.

O conhecimento é visto como um fim em si mesmo, servindo a um objetivo imediato — nota, classificação, aprovação, emprego — e não como um meio de crescimento pessoal e desenvolvimento crítico. Para Dewey (2007, p. 34), "a educação liberal objetiva treinar a inteligência para seu uso mais adequado: conhecer. Quanto menos o conhecimento se relacionar com assuntos práticos, [...] mais adequadamente ele concerne à inteligência".

Quando ideias conservadoras, reprodutivistas e de desvalorização da educação são aprendidas no contexto do início da carreira profissional, constituem-se severas barreiras a uma prática que vise à discordância contextual. A formação se mostra um caminho necessário e urgente a ser agregado à experiência profissional. No caso específico de nosso estudo, as aprendizagens produzidas pelos professores supervisores em sua conjuntura profissional permeiam valores, concepções, atitudes e práticas, mas como todo processo, são passíveis de alterações e ressignificações.

Os dados produzidos fizeram emergir a necessidade de lançar um olhar compreensivo sobre o vínculo Universidade-Escola, buscando conhecer de que forma essa parelha se desenvolve e de que modo contribui para as aprendizagens docentes dos professores supervisores, partícipes deste estudo.

b. Aprendizagens Emergidas da Parceria Universidade-Escola

> *E que os professores da Universidade, que eles saiam daquele muro de sessenta metros de altura e se mostrem para cá, para o mundo, que fazem da Universidade como se fosse uma coisa lá de outro planeta. [...] Tem um muro intransponível que ninguém quer vir pra cá* (Laplace, 2015).

Inicio este item refletindo sobre o dito do interlocutor Laplace durante uma roda de conversa. Talvez uma das passagens que mais me sensibilizaram no processo de desenvolvimento deste estudo, pois atestar o abismo que separa a Universidade da Escola permite compreender que muito ainda se precisa caminhar em busca de uma prática que de fato rompa com o ciclo de conformação que vem marcando a educação. Essa situação não me é desconhecida, no entanto, a pesquisa evidenciou o quanto se carece de empenho em prol dessa aproximação que tem efeitos profícuos para ambas as instituições.

Zabalza (2014, p. 49) alerta que "com frequência as universidades são acusadas de constituir ecossistemas autorreferenciados e pouco abertos às rápidas mudanças que se produzem em seu entorno". No entanto, é a universidade responsável por formar os professores que atuarão na escola e é a escola que acolherá os profissionais egressos da universidade, o que faz este distanciamento impertinente. Cada vez mais a articulação entre Universidade e Escola se faz premente.

Defendo e acredito na escola como ambiente propício à formação de professores, seja dos futuros docentes ou dos mais experientes, no sentido de fomentar a reflexão individual e coletiva nesse espaço. A discussão sobre a formação de professores, na atualidade, aponta para a premência do professor como pesquisador e prático reflexivo. Mas como cita Pérez Gómez (1992), não basta dizer que o professor tem que ser reflexivo, é preciso dar a ele condições de desenvolver esse tipo de pensamento mais complexo e capaz de acarretar mudanças. Ser reflexivo e ser pesquisador são atribuições que se interligam e se complementam, no sentido de delinear o perfil docente contemporâneo.

Para tanto, as possibilidades que se lhes apresentam dão conta de um diálogo mais próximo entre os entes envolvidos na formação — professores da instituição formadora, professores supervisores e estagiários; de experiências mais significativas para os professores em formação inicial (vivência de projetos e pesquisas), imersão no ambiente escolar com vistas a intervenções, discussão teórica fundamentada na prática são algumas alternativas viáveis para uma formação de professores mais crítica e reflexiva.

A formação do professor pesquisador tem conjecturado um profissional intelectual e produtor de conhecimentos através da pesquisa. A pesquisa é um meio pelo qual o professor pode compreender a realidade prática em que atua e intervir sobre ela. É a via que o permite investigar, conhecer, interpretar e experienciar a prática. Pérez Gómez (1992, p. 107) adverte, entretanto, que "o mundo da investigação e o mundo da prática parecem formar círculos independentes, que rodam sobre si mesmos sem se encontrarem".

O professor como prático reflexivo é sujeito que busca romper essa dicotomia entre a prática de sala de aula e o conhecimento científico, buscando analisar a tomada de decisões e a resolução de problemas com base em uma reflexão sobre sua prática. A reflexão, por sua vez, é a forma de pensamento que se compõe de uma análise mental minuciosa sobre um assunto para atribuir-lhe a devida importância.

Todas essas discussões me permitem entender que não há justificativa para que a desarticulação entre Universidade e Escola permaneça, uma vez que a formação no espaço da escola fomenta a investigação, a compreensão do contexto, o pensamento reflexivo e a possibilidade interventiva do professor. O Estágio Supervisionado pode ser um campo que celebra o ápice desta parceria entre instituição de formação e instituição escolar. É quando, de fato, três atores do processo formativo — estagiário, professor supervisor e professor da instituição de formação — devem estabelecer uma relação mais próxima marcada pela dialogicidade, compartilhamento de saberes e experiências.

O estágio, constituído em uma relação mais próxima entre Universidade e Escola, pode assumir uma função integradora de "[...] mediação entre formação inicial e contínua. Dessa forma, surgem situações em que a inicial e a formação em serviço se fundem e se interpenetram" (Pimenta; Lima, 2011, p. 139). Ao tempo em que possibilita ao estagiário uma experiência teórico-prática, estende-se ao professor supervisor como *lócus* formativo a partir da possibilidade de investigação, de revisão de conceitos e da reflexão sobre sua prática.

As rodas de conversa desenvolvidas no processo desse estudo revelaram, entretanto, que Universidade e Escola ainda precisam alinhar o diálogo e estreitar seus laços no sentido de oportunizar uma formação mais abrangente e complexa para os envolvidos.

> *O aluno traz um questionário de avaliação pra que a gente faça a avaliação no final. Se a gente tivesse, por exemplo, no início, esse direcionamento, esse questionário do que a gente vai ter que avaliar, de que forma deve ser avaliado, ou tivesse também a oportunidade de vir o professor pra conversar com a gente e dizer: "Olha, você vai ter que observar isso e mais isso do estagiário", acho que seria bem mais interessante. Na maioria das vezes, o estagiário fica mais solto (Proust, 2015).*

> *Hoje que é muito mais fácil a questão da Internet, da comunicação, você pode muito bem, o supervisor estar em contato com o próprio professor. "Professor, como é que foi? Faça um relatoriozinho aqui, vamos acompanhar como é que foi o aluno? Como é que ele tá indo? Ele tá realmente participando? Ele tá indo frequentemente? O que ele já tem feito? Como é que ele tá progredindo?". Então seria essencial se a gente pudesse ter esse contato direto, de a gente mostrar como o estagiário está evoluindo, o quê que ele precisa melhorar (Gauss, 2015).*

> *Eu acho importante o acompanhamento assim com as atividades. Com os critérios [de avaliação do estagiário] (Goodall, 2015).*

> *Por exemplo, eu pego aluno: "Olha, eu vim pra cá com, com a declaração que vou estagiar com o senhor", sim [...], mas: O que é que eu estou avaliando? Para que eu me prepare também. Não quer dizer que com esses critérios, eu vá reprovar aquela pessoa que está ali, mas eu vou ter que orientar. "Olha, seu professor pediu que eu observasse isso, mas acho que aqui você não foi bem" (Laplace, 2015).*

Os relatos dos interlocutores ressaltam a burocratização dessa atividade formativa, marcada pelo preenchimento de fichas e relatórios que, muitas vezes, são desconectados da realidade e não estimulam o pensamento reflexivo sobre a vivência. O cerne é nos instrumentos e não no sujeito em formação. Além disso, ganha realce o distanciamento entre Universidade-Escola, sinalizado pelo desconhecimento dos supervisores a respeito de critérios de orientação e avaliação dos estagiários, como também pela constatação da necessidade de se estabelecer um diálogo com o professor da instituição de formação.

Com base nas falas dos sujeitos, pude constatar que, embora conscientes de sua implicação na formação de futuros professores, eles não sabem, de modo mais efetivo e prático, como atuar nesse vértice formativo. Para Amaral, Moreira e Ribeiro (1996), o supervisor seria promotor de estratégias capazes de desenvolver nos futuros professores o desejo de refletirem e, através da reflexão, a vontade de se desenvolverem continuamente.

Contudo, esse modo de atuar como supervisor requer aprendizagens específicas que devem acontecer no âmbito da relação Universidade-Escola. Desse modo, faz-se necessário pensar o papel da instituição de formação que, nesse caso, parece não dar conta de fornecer o aporte teórico-prático necessário para a atuação do professor da Escola-Campo como supervisor.[17]

Em nossa história recente, o Decreto n. 3.462, de 17 de maio de 2000, autorizava os antigos Centros Federais de Educação Tecnológica (Cefets) a ministrar cursos de formação de professores, em nível de graduação e pós-Graduação, e, ainda, programas especiais de formação pedagógica para as disciplinas científicas e tecnológicas, para docentes de todos os níveis e modalidades de ensino. A Lei 11.892, de 29 de dezembro de 2008, confere a essas instituições o *status* de Institutos Federais de Educação (IFs) e ratifica, em seu Art. 7º, inciso VI, que os IFs terão como objetivo, também, a formação de professores.

Nesse contexto, o IFPI implantou, a partir de 2001, em nível superior, os cursos de Licenciatura em Física, Química, Biologia e Matemática que abrigaram os estágios supervisionados em que os interlocutores do estudo atuaram como supervisores. É válido

---

[17] As instituições de formação de professores sempre estiveram articuladas a uma demanda social, política e cultural, pois a sociedade engendra o conhecimento histórico de que necessita (Vieira Pinto, 1969). Assim, o modelo de formação esteve imbricado ao modelo de sociedade que se queria construir. Com a transformação da sociedade, é compreensível, e esperado, que os paradigmas de formação acompanhem as mudanças sociais e se mantenham alinhados às perspectivas de formação humana atuais. Em vista disso, retrocedendo na história para focalizar as instituições formadoras de professores no Brasil até os dias atuais, cabe destacar que essa formação, nos remotos anos de 1830, era restrita unicamente às Escolas Normais. À medida que o número de matrículas nas escolas primárias aumentava e a escola se expandia para atender à escola de massas, ampliava-se a necessidade de aumentar o número de professores na mesma proporção (Lelis, 1993). Com a crescente demanda, as Escolas Normais deixam de ser exclusivas na tarefa de formar professores, e, atendendo a uma urgência social, surgem os Institutos de Educação (Innocencio, 1978). A partir daí, as universidades passam a ofertar os cursos de Licenciatura e a formação ganha novos delineamentos. Surgem as licenciaturas específicas responsáveis por formar os professores das diversas áreas do conhecimento e atender as demandas do Brasil industrial e urbano.

ressaltar que os partícipes do estudo tiveram outras experiências supervisivas, em outros contextos, no entanto, a evidência neste estudo é para as experiências no âmbito do IFPI.

Com fortes raízes tecnológicas, a formação de professores, nos IFs, passa a merecer atenção para que não se desarticule da demanda contemporânea por um professor crítico, ativo e reflexivo, que não seja mero aplicador de técnicas e métodos. O projeto em vigor para as licenciaturas no IFPI salienta que:

> A articulação teórico-metodológica a que se propõem estes Cursos buscam a superação do paradigma de ensino como reprodução fragmentada do conhecimento e mera transmissão de informações, garantindo que a educação contribua para uma formação consistente tendo em vista o desenvolvimento da Ciência e da Tecnologia no país, mas, sobretudo, a formação de cidadãos integrados à sociedade, conscientes dos desafios contemporâneos e críticos da ação humana no ambiente, na vida política e nas ações sociais (Piauí, 2012, p. 7-8).

Em consonância com a demanda de formação docente na contemporaneidade, o texto realça o desenvolvimento do pensamento reflexivo no futuro docente possibilitando sua intervenção no contexto social em que vive. Na leitura dos projetos, busco compreender as bases sobre as quais se assentam os cursos de Licenciatura ofertados pelo IFPI e, particularmente, caracterizar o Estágio Supervisionado nestes cursos, enfatizando a relação Universidade-Escola, estabelecida nessa formação.[18]

---

[18] No ano de 2014, é válido citar, os Projetos Pedagógicos dos cursos passaram por revisão e reestruturação, com ajustes de cargas horárias e de disciplinas. As modificações, no entanto, estão sendo implementadas após o desenvolvimento da pesquisa. O desenho dos cursos de Licenciatura no IFPI compreende uma divisão em três segmentos: O Núcleo Comum (1.010 horas), subdividido em Básico (405 horas) e Pedagógico (605 horas); o Núcleo Específico (1.320 horas) que abrange temas de ciências naturais e física para a educação básica e temas de contextualização, desenvolvidos por professores formadores com qualificação em Física, Matemática, Biologia, Química ou áreas afins; e o Núcleo de Pesquisa e Prática em Docência (1000 horas) que engloba a Prática como Componente Curricular (PCC, 400 horas), os Estágios Supervisionados (400 horas) e as Atividades Científico-Culturais (ACC, 200 horas). Está previsto no projeto que a PCC e os Estágios se articulem de modo a fomentar a escrita do Trabalho de Conclusão de Curso (TCC).

As atividades do Núcleo de Pesquisa e Prática em Docência, segundo os projetos dos cursos, serão orientadas com a finalidade de articular, na prática, conteúdos e estratégias de aprendizagem em uma visão transdisciplinar, permitindo a reflexão sobre o fazer pedagógico e a implementação dos atuais paradigmas da educação nacional nas escolas.

Diante do que está posto nos projetos, percebe-se o compromisso da instituição com o desenvolvimento de uma formação complexa, abrangente, e de relação próxima com a escola, com possibilidade de intervenção. No que diz respeito ao Estágio Supervisionado, os projetos destacam que a regência no ambiente de aprendizagem profissional possibilitará aos professores formadores e aos futuros professores balizarem sua identidade profissional e seu compromisso ético, mediante a avaliação processual das competências compatíveis com a formação pautada na proposta de diretrizes para a formação inicial. Além disso, enfatizam:

> O estágio curricular supervisionado se desenvolverá em escola campo por possibilitar importantes momentos de experimentação e ser a base para as reflexões nas diferentes dimensões da atuação dos professores em formação. O estágio será estruturado em alternâncias aonde as sucessivas idas ao campo serão preparadas, exploradas, refletidas e socializadas em momentos privilegiados da formação (Piauí, 2012, p. 29).

Pelo exposto, observa-se a prevalência de uma integração importante entre instituição de formação e escola, demonstrada pelo trânsito dos envolvidos entre uma e outra. A prioridade é uma formação reflexiva, dialogada, compartilhada entre os pares. Contudo, pela fala dos interlocutores, esta ainda não é uma realidade nos cursos de Licenciatura do IFPI, o que pode ser confirmado pelo interlocutor Proust em seu Memorial:

> *Como supervisor, percebi que ainda falta uma melhor integração entre o professor do IFPI e o supervisor para que se possa trabalhar melhor os parâmetros de avaliação, contribuindo mais decisivamente para melhorar o desenvolvimento do estagiário. Tive a oportunidade de supervisionar alguns estagiários, e sei o quanto é importante para os professores iniciantes, pois também passei por essa situação* (Proust, 2015).

A ocorrência do Estágio Supervisionado no IFPI, no projeto, está prevista para acontecer em escolas públicas e privadas de educação básica, nas últimas séries do Ensino Fundamental e de Ensino Médio, inclusive em escolas que atendem a jovens e adultos e de educação especial. Essa abrangência dispersa os alunos em várias instituições e inviabiliza o acompanhamento sistemático dos estagiários e supervisores pelos professores da instituição formadora, o que acarreta situações como a descrita pelo interlocutor Gauss:

> *A falta de conhecimento do supervisor, nesse caso, faz com que ele se preocupe só com a aula dele mesmo, até porque não chega nenhum recado, nenhuma informação da universidade ou do instituto dizendo assim, ó: "Você vai receber 'Fulano de Tal' pra ser seu supervisionado e você vai ter que seguir essas condutas aqui para orientá-los"* (Gauss, 2015).

Encontro nas narrativas dos interlocutores fortes indícios do afastamento Universidade-Escola. O supervisor recebe o estagiário sem as devidas orientações de como proceder e orientá-lo. Entretanto, percebo que os supervisores admitem o potencial formativo do estágio e conhecem a importância de sua atuação na formação de futuros professores, uma vez que clamam por orientações e caminhos que possam fortalecer seu desempenho na supervisão de estagiários.

Outro dado relevante, apontado por Gauss durante uma roda de conversa, atesta a inevitabilidade da parelha Universidade-Escola como possibilidade formativa para supervisores, professores da instituição, estagiários e alunos quando diz: "Mas esses jovens aí estudam no IFPI, onde tem um laboratório, tem todo um aparato bem organizado, enquanto na minha [formação inicial] eu não tive essa oportunidade".

O partícipe é egresso da instituição formadora e retrata investimentos feitos em estrutura física, laboratórios e equipamentos que são fatores altamente influentes em uma formação de futuros professores. Essa fala nos permite pensar a possibilidade de os supervisores vivenciarem, por exemplo, experiências laboratoriais na instituição com os estagiários que, com a orientação de professores das áreas específicas, assumiriam importante papel na formação contínua dos supervisores.

Além disso, a possibilidade de realização de aulas nos laboratórios para os alunos da escola, pelos estagiários, renderia oportunas e indispensáveis experiências de aprendizagem para todos.

Pelos relatos, foi possível inferir, entretanto, que o Estágio Supervisionado ainda não assumiu esse aspecto integrador que pudesse destacar seu aspecto formativo para os professores supervisores, uma vez que estes não realçaram o estágio como situação de aprendizagem para si mesmos. No entanto, embora os professores supervisores não tenham destacado, em suas falas, essa perspectiva formativa do estágio, muitas aprendizagens foram depreendidas desta experiência, como constatado nas rodas de conversa.

Ademais, se faz necessário um investimento mais forte na parceria Universidade-Escola, constituindo-se meio para isso a revisão de processos de operacionalização dos estágios na instituição formadora, a focalização de estagiários em um número restrito de escolas, o intercâmbio de professores e alunos entre as duas instituições, realçando o caráter formativo de ambas, um diálogo mais próximo entre professor do estágio e o supervisor, no sentido de alinhar demandas e o exercício constante de reflexão de todos os envolvidos no processo de estágio sobre suas implicações e comprometimentos com esta ação. A perspectiva é sedimentar a supervisão de estágio como fonte de aprendizagem docente, como o proposto e discutido no capítulo a seguir.

IV

CONCATENAÇÕES ENTRE SUPERVISÃO DE ESTÁGIO E APRENDIZAGENS DOCENTES

> – *Vamos brincar de escorregar no arco-íris?* – *Convidou Clara Luz. Dessa vez a Professora nem se lembrou de pensar se seria permitido ou não. Foi logo subindo por um lado do arco-íris e escorregando pelo outro, com os braços para o ar:*
> – *Lá vou eu!*
> *No princípio, como não tinha prática, escorregava muito desajeitada e Clara Luz morria de rir. Mas logo se habituou e mostrou que tinha um jeitinho louco para escorregar no arco-íris. Escorregava de costas, de frente, em pé e até dançando. Clara Luz fazia tudo para imitá-la, mas a verdade é que não conseguia tão bem.*
> – *Agora* – *disse Clara Luz,* – *a senhora não quer dar uma espiada nos outros horizontes?*
> – *Que outros, querida? Só existe um.*
> (Almeida, 2007, p. 25-26)

A supervisão de estágio deve contribuir para a construção de conhecimentos e saberes importantes para o professor supervisor. Essa experiência pode, inicialmente, intimidar o professor que ainda não conhece sua atribuição, fazendo-o realizá-la de modo "desajeitado", como a fadinha da continuação da história. No entanto, a própria experiência supervisiva pode dar ao professor autonomia para se constituir supervisor de um modo próprio, inventando e ressignificando modos de ser supervisor, tal qual a fada-professora inventou modos peculiares de escorregar no arco-íris. Além disso, a experiência supervisiva pode favorecer a visão de mundo do supervisor e a percepção de "outros horizontes".

Nessa perspectiva, o supervisor precisa gerir e orientar situações de aprendizagem com vistas à formação do estagiário, de seus alunos e de si próprio. A supervisão é, como pontua Alarcão (2010), uma atividade psicossocial alicerçada no conhecimento do eu, dos outros e dos contextos de interação. O caráter integrador da supervisão de estágios permite a inserção e a interação dos atores envolvidos, o que propicia aprendizagens importantes para todos. O Estágio Supervisionado, então, se consolida como momento de relevo para as aprendizagens do ponto de vista do professor supervisor que tem a oportunidade de relembrar aspectos de sua formação, refletir sobre sua prática e acompanhar atualizações teóricas e metodológicas, fazendo do estágio seu próprio processo formativo.

Ghedin, Almeida e Leite (2008, p. 35) realçam as muitas aprendizagens capazes de aparecer na vivência do estágio e na relação criada entre estagiário e professor supervisor quando afirmam que:

> [...] o estagiário, juntamente com o professor orientador, deverá buscar compreender o exercício da docência, os processos de construção da identidade docente, a valorização e o desenvolvimento dos saberes dos professores como sujeitos intelectuais capazes de produzir conhecimento, de participar de decisões e da gestão da escola e dos sistemas educativos.

Desse modo, entendo o estágio como um campo de aprendizagens para o estagiário e para o professor, imbricados em uma relação que se mostra fundamental para ambos. O estagiário está vinculado aos conhecimentos teóricos, adquiridos, prioritariamente, na academia. O professor da Escola-Campo, por sua vez, liga-se a um conhecimento muito mais implícito e baseado na experiência. Essa mescla de conhecimentos, certamente, há de produzir uma gama de aprendizagens importantes para os dois atores.

O supervisor de estágios, de modo particular, pode aprender desde habilidades importantes, para conduzir sua atuação supervisiva até conhecimentos necessários para aprimorar sua prática, fazendo da supervisão um ambiente formativo. Diante do exposto, torna-se relevante considerar as aprendizagens docentes depreendidas da experiência supervisiva, perspectivando delinear a supervisão como momento profícuo de aquisição de saberes e conhecimentos para o professor supervisor.

Eixo 3: A Experiência Supervisiva como Fonte de Aprendizagem Docente

Experiência, como já me reportei, é o que acontece, o que possibilita dar sentido próprio ao acontecimento, permitindo uma imersão reflexiva no episódio, com vistas a produzir uma impressão em si e, posteriormente, uma expressão de si. A experiência supervisiva, neste contexto, é momento de vivência significativa para o professor supervisor de estágios, admitindo a reflexão como viés de desenvolvimento de si próprio.

Para Dewey (2007), aprender é aprender a pensar. Articulando essa ideia com a aprendizagem docente, depreende-se que pensar a experiência supervisiva de forma reflexiva e, desse pensamento, produzir conhecimentos, hábitos e atitudes consistem em aprendizagem docente.

Aprender na e pela experiência pressupõe conduta ativa do sujeito, uma implicação profunda no contexto, de tal modo que movimente seus aspectos cognitivos e comportamentais. A supervisão, assim, não é uma conjuntura neutra baseada na observação imparcial, na repetição de modelos, na aprendizagem de técnicas e normas com o objetivo de manter um sistema vigente. Pelo contrário, assumi a supervisão com um enfoque de aprendizagem experiencial que toca todos os envolvidos.

Para Kolb (1984 *apud* Zabalza, 2014), a aprendizagem experiencial valoriza conhecimentos e saberes peculiares da experiência que podem ser aumentados, revisados, contrapostos e refletidos a partir de uma teoria. Esse tipo de aprendizagem reforça a ideia de uma unidade teórico-prática que se mostra coerente na fluidez experiencial. Nesse tipo de aprendizagem, a reflexão é o meio pelo qual a experiência se apodera de sentidos que inspiram a tomada de atitude, a revisão de certezas e as novas aprendizagens experienciais, constituindo um ciclo formativo pautado na transformação do sujeito.

A experiência supervisiva, sob essa ótica, compõe fonte de aprendizagem docente pela possibilidade de ser desenvolvida a partir de outras experiências e por levar a outras experiências, atendendo à continuidade da experiência a que Dewey (2007) se refere.

Para que se consolide nesses moldes, a supervisão requer condições e orientações específicas, tempo disponível para essa atuação e, de modo otimista, uma formação para tal. O interlocutor Gauss, em uma roda de conversa, afirmou:

> *Você tem uma turma de quarenta alunos pra tomar de conta, aí você sai dessa turma e vai para outra turma que é barulhenta e aí os meus estagiários estão acompanhando ali atrás, vendo como é que é o seu jogo de cintura, e aí você tem que preparar a prova, tem que fazer relatório, tem que estudar, tem que não sei o quê, então são tantas ocupações que a última coisa que, pelo menos um professor do Estado vai pensar é em ser supervisor* (Gauss, 2015).

A narrativa de Gauss demonstra aspectos referentes às condições de trabalho do professor, sinalizados pela quantidade de turmas lotadas que precisa assumir, pelo preenchimento de fichas e elaboração de provas, e pelo próprio ritmo impresso na fala, quando repete "aí" diversas vezes, no sentido de validar o sobrecarregamento descrito e confirmando que a atuação supervisiva fica relegada a segundo plano diante das atribuições docentes. Além disso, percebo que as atribulações são compartilhadas com os estagiários ao conviver nesse contexto, o que, certamente, tem alguma influência em seu processo formativo.

Nas condições descritas, a supervisão não constitui efetiva experiência supervisiva, uma vez que não propicia tempos e espaços de reflexão para o supervisor, nem partilha de conhecimentos entre formador e estagiário. Defendo, entretanto, que a supervisão ganhe outros contornos, de modo a favorecer o envolvimento do supervisor em sua própria formação e na formação dos futuros professores que recebe em sala de aula. É interessante ressaltar que, mesmo com a configuração descrita pelo interlocutor, a supervisão propicia aprendizagens docentes ao supervisor, o que me permite ter convicção que, admitida como experiência, seria adequado e fecundo espaço formativo.

Diante do exposto, busco elencar, a partir das narrativas, as aprendizagens despontadas pelos interlocutores com vistas a realçar a supervisão como situação formativa.

a. Aprendizagens Necessárias à Supervisão de Estágio

A supervisão de estágios é uma atribuição assumida por diversos professores, em diversos espaços escolares, cotidianamente. No entanto, esta é uma função que ainda não teve a atenção devida da academia, especialmente na formação inicial.

O supervisor, segundo Amaral, Moreira e Ribeiro (1996), deve ter como prioridade facilitar o desenvolvimento do estagiário, mas ao fazê-lo, também se desenvolve porque aprende ensinando. Nesse sentido, faz-se pertinente a seguinte questão:

> Que habilidades e/ou conhecimentos são necessários ao professor supervisor para que instigue o processo de formação do futuro professor e de si mesmo?

Sem dúvida, esta complexa tarefa requer aprendizagens especializadas, mas que ainda estão fomentadas em um conhecimento tácito. Alarcão (2010, p. 71) corrobora essa assertiva ao afirmar que "a gestão de situações formativas, no contexto da supervisão, implica capacidades humanas e técnico-profissionais específicas; o desempenho da função da supervisão, pela sua natureza, pressupõe pré-requisitos e formação especializada".

Reitero, porém, que esta ainda não é uma realidade na maioria dos contextos formativos. A possibilidade de haver essa formação para a supervisão reside, entre outros aspectos, na aproximação entre Universidade-Escola e no intercâmbio de docentes e discentes nas instituições, no sentido de sistematizar aprendizagens necessárias à experiência supervisiva e à promoção da reflexão sobre essas aprendizagens.

Os partícipes do estudo, em suas falas, elencam os pontos que consideram importantes para orientar e avaliar nos estagiários, realçando de que forma estes conduzem a supervisão. Emergem das narrativas, aspectos referentes aos conteúdos disciplinares, à didática, à autonomia dos estagiários, às técnicas empreendidas para ensinar, ao controle de sala e aos critérios de pontualidade, frequência e assiduidade.

Fundamentados na própria vivência como supervisores, os interlocutores deste livro discorreram, nas rodas de conversa, as aprendizagens necessárias à supervisão, bem como sobre a forma como orientam os estagiários na condução da sala de aula e na liderança dos alunos:

> *Preciso ver o estagiário, até que ponto ele está entendendo aquele conteúdo, se ele tem um certo domínio daquele conteúdo; de que forma ele pode abordar; de que forma ele pode contribuir, de repente, se eu estiver dando um exemplo e eu tiver que chamá-lo ao quadro. Eu digo: "agora eu vou fazer um exercício e dar uma oportunidade de ela responder e ir se familiarizando mais com a turma demonstrando um pouquinho da resolução. Talvez seja até mais simples de repassar pros alunos". Mas eu comecei aí e ela: "não, professor, eu vou passar a observar algumas aulas e depois...", eu digo: "não, tudo bem, depois eu vou, aos poucos vou colocando você pra trabalhar um pouco com a turma" e isso eu fui fazendo e eu vi que era uma aluna... Excelente, tinha uma boa assiduidade, tinha uma preocupação com horário, só chegava no horário, só saía no horário, tinha realmente compromisso* (Proust, 2015).

Proust ressalta que a supervisão pressupõe perceber o nível de conhecimento do conteúdo dos estagiários e a forma com que o discutem em sala de aula, para que, caso necessário, o supervisor possa apoiá-lo nessa perspectiva. Alarcão (1996, p. 29) confirma esse viés da supervisão ao dizer que:

> Para o formando, o contato com o formador desperta-o para a consciência de quão pouco trabalhado está ainda o seu saber. O que distingue um profissional experiente de um novato não é tanto a quantidade de saber, mas a sua qualidade, a capacidade de relacionar, selecionar, ajustar, adaptar ao contexto, prever, pôr em ação a sua flexibilidade cognitiva e fazê-lo com rapidez, espontaneamente e sem esforço.

Reconhecer a necessidade de se manter estudando o conteúdo a ser ensinado e de pensar estratégias de compartilhamento desse conteúdo é uma importante constatação, destacada pela autora supracitada e pelo interlocutor Laplace no momento de uma roda de conversa: "*Alguns têm muita deficiência conceitual. Chega a ponto de o aluno fazer uma pergunta e ele dizer 'Professor, como é que respondo isso aqui? Eu não sei'. Essa humildade de perguntar...*".

Da história narrada, depreendo que o estagiário precisa qualificar essas relações que estabelece com o conteúdo, com sua abordagem e com os ajustes necessários ao contexto. Isso configura uma aprendizagem importante para o estagiário, e entendo que o supervisor consegue gerir essas situações formativas com base em suas experiências docentes que constituem um acervo de conhecimentos próprios, influenciados por crenças, valores e subjetividades dos supervisores.

Esses conhecimentos podem ser partilhados, mas não transmitidos, pois requerem a experiência individual, oportunizada também pelo estágio, pois "é num contexto específico que o conhecimento profissional se converte em um conhecimento experimentado por meio da prática" (Imbernón, 2010, p. 70).

Proust clarifica que promove a aproximação do estagiário com a regência de classe de modo progressivo, chamando-o ao quadro e respeitando seu tempo particular. É interessante notar que, embora a aluna demonstre inseguranças conceituais e didáticas, peculiares ao estagiário, o supervisor lhe atribui uma avaliação de excelência, realçando aspectos técnicos que, mesmo imprescindíveis, não são suficientes para definir um parecer. A valorização desses critérios pode ser resquício de uma formação de professores que não se assenta no "[...] apoio conceptual e teórico da investigação científica, o que conduz facilmente à reprodução dos vícios, preconceitos, mitos e obstáculos epistemológicos acumulados na prática empírica" (Pérez Gómez, 1992, p. 99). Tomando como referência a premissa do autor, percebo que os supervisores guardam dúvidas apropriadas à sua atuação, visto que não sabem o que, de fato, precisa ser priorizado em suas atuações supervisivas. A esse respeito, os interlocutores pontuam:

> *Para que um professor se torne um bom supervisor ele tem que ter um conhecimento em que realmente saiba que papel ele deve desempenhar nesse processo. A partir disso, começar a trabalhar dessa forma* (Gauss, 2015).

> *Didática? Postura? Dicção? Controle de sala? Porque se for controle de sala, eu vou deixar uma vez o professor sozinho em sala, pra que depois eu vá conversar com os alunos: "Como é que foi?", eu sempre controlo, "de que forma ele controla?" [...] A gente dá suporte pra eles e ao mesmo tempo aprende com isso* (Laplace, 2015).

Os supervisores afirmam desconhecer as peculiaridades inerentes à supervisão de estágios e demonstram incertezas sobre sua conduta, o que ratifica a necessidade de uma formação especializada e de formação continuada que fundamente e dê segurança aos supervisores sobre sua performance. Alarcão (2010) sugere o estabelecimento de um diálogo formativo entre supervisor e estagiário que favoreça o monitoramento avaliativo das situações e dos desempenhos, com vistas à compreensão dos eventos educativos. A observação e a escuta sensível são aprendizagens necessárias ao supervisor que não deve ensinar, mas auxiliar o estagiário a aprender e, nesse contexto, gerenciar a própria aprendizagem.

Uma relevante estratégia apontada, na literatura, para a experiência supervisiva é a demonstração, descrita na seguinte citação:

> Esta estratégia em vez de ser vista em termos de "o formador demonstra; o formando imita", tem de ser considerada como "o formador demonstra, descreve o que demonstra, reflete sobre o que faz e o que descreve. De igual modo procede o formando, ao interrogar-se sobre o sentido da ação observada e descrita (Alarcão, 1996, p. 20).

Essa postura de formador atuante, seguro e reflexivo, entretanto, admite um percurso formativo para o supervisor, considerando as singularidades da função. Assim como o ser professor e a docência se delineiam e são aprendidos em um desenvolvimento formativo inicial e continuado específico, pela experiência pré-profissional e profissional, e pelo compartilhamento de saberes entre os pares, a supervisão necessita ser encarada como processo que abrange o desenvolvimento de conhecimentos específicos sobre a docência e sobre relações interpessoais, sobre conteúdos conceituais e didática, sobre procedimentos de reflexão e autonomia, necessários a uma experiência supervisiva plena para supervisor e supervisionados.

A autonomia na profissão docente e, de forma particular, na supervisão de estágios, requer considerar um conceito influenciado por intercorrências contextuais que, por isso, não pode ser desprendido da realidade. A autonomia do professor, nessa direção, presume o aprender a pensar de modo reflexivo-crítico, ponderando perspectivas políticas, sociais e culturais subjacentes. Contreras (2002, p. 195-196) afirma que:

> Ninguém pode assumir pelo professor o juízo e a decisão diante das situações que requerem uma atuação em sala de aula. O docente se vê obrigado a assumir, por si só, um compromisso pessoal com os casos concretos, a atuar em função de suas próprias interpretações, convicções e capacidades. Esse fato indica tanto a necessidade e a inevitabilidade do juízo moral autônomo, como a impossibilidade, em muitas ocasiões, de um tempo para meditar ou para consultar e compartilhar responsabilidades.

A citação me faz pensar que a profissão docente é tanto individual, à medida que permite uma conduta pessoal do professor em sala de aula, quanto coletiva, uma vez que essa conduta pessoal é o resultado do entrecruzamento de regras, atitudes e valores sociais. A autonomia do professor, portanto, não é absoluta e inerente a ele, mas um exercício de pensar, refletir e intervir cotidianamente.

Em vista disso, a autonomia se constitui em uma importante aprendizagem para o professor que supervisiona estágios. Ressalte-se que a autonomia aqui referida não diz respeito à desarticulação entre objetivos e propósitos formativos da universidade e da escola, tampouco à ausência de diálogo entre supervisor e professor da instituição formadora. Pressupõe, em vez disso, pensar em um contexto, ponderar situações, agir de forma reflexiva e, assim, construir autonomamente sua identidade profissional e pessoal. A preocupação com o caráter autônomo do professor pode ser identificada na seguinte fala da interlocutora Goodall:

> *A supervisão assim, no sentido de orientar, mas, é, eu acho que você tem que saber orientar, acho que a questão é essa: você saber orientar a pessoa sem, é, se intrometer muito no processo. [...] Primeiro, é, a questão da didática do professor. Ele tem que ter um conhecimento da disciplina, se aprofundar pra conhecer as técnicas, metodologia, ter um conhecimento dentro da área específica* (Goodall, 2015).

Ao analisar a narrativa de Goodall, percebo que a professora supervisora deixa clara a necessidade da construção de uma autonomia do estagiário. Assinala que a orientação do supervisor é importante, inclusive para o desenvolvimento de uma autonomia que se faz, em nível individual, nas relações sociais que estabelece. A interlocutora reforça saberes mais pontuais necessários à atuação do professor, como os mencionados anteriormente pelos demais interlocutores: conhecimento do conteúdo, metodologia, didática; mas por sua fala, entende que essas são aprendizagens imprescindíveis que se aprimoram ao longo da experiência docente, inclusive pela autonomia.

Pelas análises empreendidas, deduzo que as aprendizagens necessárias à supervisão de estágios envolvem observar as situações de ensino e os estagiários, propiciando momentos de sua aproximação com a regência; desenvolver uma escuta atenta a suas dúvidas, anseios e sugestões; ampliar conhecimentos sobre o conteúdo a ser ensinado; considerar elementos indispensáveis ao desenvolvimento da profissão, como assiduidade e pontualidade; favorecer a reflexão por meio de análises de fenômenos educativos; e, ainda, promover o avanço da autonomia dos estagiários.

b. Aprendizagens Construídas na Supervisão de Estágio

A supervisão de estágios, embora ainda careça de reestruturações e reencaminhamentos, não deixa de caracterizar-se como situação de aprendizagem, uma vez que se trata de espaço formativo social e dialético. No contexto supervisivo, a aprendizagem na experiência provoca o desenvolvimento de conhecimentos amplos e heterogêneos, tanto para estagiários como para professores supervisores.

Entendo que a supervisão tende a rumar para a mesma direção do modelo formativo dos professores supervisores, ao mesmo tempo fomentando uma continuidade de práticas ou, dependendo da forma como é conduzida, oportunizando suas reflexões e ressignificações. Zabalza (2014) descreve duas propostas de formação que podem ser o caminho a ser seguido na supervisão de estágio.

Na primeira delas, centrada em um paradigma tradicional e reprodutivista, o supervisor é considerado o mestre do conhecimento que transmite aos formandos. Na segunda proposta, a supervisão é exercida de modo a oferecer experiências ricas e variadas em que o formando elabore seu repertório de saberes.

Diante do exposto, é possível concluir que as aprendizagens dos professores supervisores, possivelmente, acontecem quando a segunda proposta é vivenciada, posto que, para aprender, o sujeito precisar ter a consciência de suas carências e manter-se em uma postura de disponibilidade.

Nessa perspectiva, a supervisão de estágio é momento de aprendizagem experiencial para o professor supervisor que, ao orientar o estagiário, manifesta, identifica e analisa seus conhecimentos pela reflexão, legitimando-os ou redirecionando-os.

Para Amaral, Moreira e Ribeiro (1996), não há aprendizagem sem uma boa supervisão. Ouso fazer uma adaptação dessa ideia por entender que não há boa supervisão sem aprendizagem, também, para o professor supervisor. Desse modo, busco, mediante o olhar analítico sobre as narrativas de Gauss, Goodall e Laplace, entender as aprendizagens depreendidas pelos supervisores na supervisão de estágio por insistir no potencial formativo desta atividade.

> *Ideias sempre são bem-vindas, mas assim, o fato de os alunos sempre, nessa ocasião, eles se sentem motivados para a gente fazer esse experimento, isso me motivou exatamente pra eu trabalhar a parte experimental. Eu vendo jovens lá trabalhando, dando ideias de como montar, vendo aquela prática deles lá, isso me motivou pra que eu levasse isso pra todas as salas de aula que eu fosse frequentar. Montar um experimento, dar as ideias, fazer gráficos, implementar algum projeto e discutir, sabe?* (Gauss, 2015).

> *Ela foi, dos que eu já conheci até agora, a melhor entre os que tiveram uma dinâmica muito interessante com os alunos, eles falavam a mesma língua. Então, às vezes, até quando eu falo com eles, fazem ouvido de mercador e não me dão tanta atenção. E com ela eu notei assim que eles tinham mais uma afinidade maior, né? [...] O que eu gostei dela foi a linguagem; assim, a desenvoltura dela em sala de aula foi melhor do que a minha. Então fiquei observando pra ver se eu conseguia aprender algumas coisas* (Goodall, 2015).

> *Então, ou eu tenho esse par dialético sem criar essa dicotomia com esse supervisionado ou vou criar problemas e não aprendo. [...] Eu aprendo muito com a didática que eles utilizam; a forma que eles abordam. [...] A gente às vezes é mais brusco, mas ali, e ele não, ele tem um jeito...* (Laplace, 2015).

Os professores ressaltam, em seus depoimentos, o caráter formativo da supervisão ao destacarem as aprendizagens concebidas nessa experiência. Gauss demonstra que aprende com as novas ideias apresentadas pelos estagiários e que estas o incentivam a rever suas práticas, o que demonstra sua postura acessível às aprendizagens. Ao comentar sobre as reflexões impulsionadas pela supervisão, o professor realça o caráter formativo desta atividade.

A interlocutora Goodall, na experiência supervisiva, identificou suas limitações a partir das observações atentas à estagiária e reconheceu a necessidade de adaptar-se à realidade sociocultural dos alunos com vistas a uma prática mais articulada a essas demandas. Laplace confirma que as formas diferentes e interessantes de condução da aula o inspiram a pensar a própria prática.

Nesse processo de compartilhamento de saberes e experiências, todos aprendem e evoluem na formação. Para Pimenta e Lima (2011, p. 114), as práticas de estágio apontam para:

> [...] novas possibilidades de ensinar e aprender a profissão docente, inclusive para os professores formadores, que são convocados a rever suas certezas, suas concepções do ensinar e do aprender e seus modos de compreender, de analisar, de interpretar os fenômenos percebidos nas atividades de estágio. Assim, o estágio torna-se possibilidade de formação contínua para os professores formadores.

Nessa direção, estabeleço um olhar compreensivo sobre a prática e sobre as aprendizagens que surgem a partir dela, no contexto da realidade escolar e na troca de experiências com os pares. A desconstrução de certezas da prática pode ser, para o professor, um processo importante de formação e reflexão quanto à sua ação.

Dewey (1989) cita atitudes que são necessárias para que o professor reflita sobre seus atos: abertura de espírito, responsabilidade e empenho. A *primeira* caracteriza a receptividade às novas informações e o reconhecimento de possíveis erros no percurso docente; a *segunda* se refere à análise cuidadosa das ações e de suas consequências; e a *terceira* faz menção ao entusiasmo e à vontade de envolver-se na profissão. Esses três movimentos foram identificados nas falas dos interlocutores, o que comprova suas condutas desimpedidas de aprender.

Assumir tais posturas pode conduzir a uma tomada de decisões inversa à arrogância e ao servilismo, pois: "[...] com a primeira há o perigo de rejeitar liminarmente o que é verdadeiro. A segunda leva a aceitar, como autômato, o ponto de vista dominante" (Lalanda; Abrantes, 1996, p. 58).

Os enunciados dos professores revelam que as aprendizagens desenvolvidas na experiência supervisiva compreendem a atualização de conhecimentos, técnicas e estratégias de ensino; as práticas experimentais; a implementação e execução de projetos; o desenvolvimento de uma linguagem mais articulada à realidade dos alunos e o estabelecimento de relações interpessoais mais agradáveis e afáveis.

V

SUPERVISÃO DE ESTÁGIO, REFLEXÃO E RESSIGNIFICAÇÃO DA PRÁTICA EM ENTRECRUZAMENTO

> – Então olhe para lá!
> A Professora, que só estava olhando para cá, concordou em olhar para lá, já que Clara Luz fazia questão. E viu mais de dez horizontes, um depois do outro!
> – Não é possível, Clara Luz! Estou vendo dez!
> – É? Então a senhora é formidável em horizontologia, mesmo. Eu só estou vendo sete.
> – Mas não é possível, Clara Luz! Será que não estamos sonhando?
> – Claro que não. Está sonhando é quem só vê um.
> (Almeida, 2007, p. 26)

    A experiência vivida pela professora-fada da história, notadamente determinada por sua disponibilidade e por seu compromisso em aprender, permitiu-lhe ampliar sua visão de mundo e ver além do conhecido. Entendo que a supervisão de estágio, admitida como experiência formativa para o supervisor, pode se configurar em um meio pelo qual o professor desenvolva o pensamento reflexivo necessário ao seu processo contínuo de formação e ao favorecimento da formação dos estagiários que supervisiona; e, desse modo, contribuir para descortinar os outros diversos horizontes de possibilidades.

    O pensamento reflexivo se caracteriza pela forma mais sublime de raciocínio, em que o indivíduo investiga situações, pondera sobre elas e produz uma apreciação capaz de transformar suas ações e movimentar novos pensamentos. Pensar acontece com todos os seres humanos. Pensar de forma reflexiva, no entanto, exige um exercício refinado que "[...] parte do princípio de que uma coisa é possível como consequência de outra. Contudo, a possibilidade não determina que se aceite passivamente a solução" (Lalanda; Abrantes, 1996, p. 47). A constatação é consequência de pensar reflexivamente, mas a decisão de tomar atitude é individual.

A reflexão permite a conexão entre elementos e informações que se apresentam desalinhados, favorecendo a compreensão da realidade. Dewey (2007) defende a experiência assentada na reflexão como recurso de produção de conhecimento, de previsão de consequências e de revisão de preceitos. Pelo pensar reflexivo, concatenam-se ideias, episódios e preconceitos que, mesmo não manifestos, direcionam nossas atividades. Essa forma de pensar, então, não é neutra, mas permeada por crenças e valores. Entendo que a experiência supervisiva pode descortinar diferentes modos de compreensão e intervenção na realidade para o professor supervisor.

O movimento de pensar reflexivamente na supervisão de estágio pode propiciar o surgimento de considerações importantes sobre problemas concretos e sobre práticas, possibilitando, se assim decidir o sujeito, uma transformação de si e dos contextos de atuação. Há, portanto, a necessidade de se entender que reflexões são depreendidas pelos interlocutores do estudo na supervisão, mas não só isso, de que forma essas reflexões se constituem em efetivas mudanças na prática profissional dos supervisores e na descoberta de novos horizontes.

Eixo 4: A Supervisão de Estágio como Experiência de Reflexão e Redirecionamento da Prática

O Estágio Supervisionado, como espaço formativo, abriga em seu bojo possibilidades importantes de compartilhamento de conhecimentos e saberes, aprendizagens, experiências e reflexões para os atores envolvidos no processo: professores da instituição formadora, estagiários e professores supervisores, que recebem os futuros professores em suas salas de aula para a vivência do estágio. A supervisão de estágio, assim, desponta como situação de aprendizagem para o supervisor que pode, nessa experiência, prosseguir com seu processo formativo.

A experiência supervisiva fomenta o diálogo pedagógico e formativo entre supervisor e estagiário, constituindo relevante conjunto de dados capaz de despertar o pensamento reflexivo, que não é um processo psicológico individual, mas sim intermediado por interações estabelecidas nos contextos. A reflexão importa a imersão consciente do ser humano na sua experiência, insuflada de "[...] conotações, valores, intercâmbios simbólicos, correspondências afetivas, interesses sociais e cenários políticos" (Pérez Gómez, 1992, p. 103). Assim, não é um processo linear, mecânico e acrítico. Envolve conhecimentos de diversas ordens (científicos, contextuais, sociais, culturais, políticos, experienciais, ontológicos, entre outros), interagindo dinâmica e dialeticamente.

O empreendimento de refletir não é simples. A formação deve favorecer o desenvolvimento desse processo que, quanto mais praticado, tanto mais refinado. Dewey (1989) descreve as fases do pensar reflexivo que, no contexto da supervisão, podem suscitar compreensões valorosas sobre a realidade.

> A *primeira fase* é a constatação da situação problemática: dar-se conta das dúvidas que permeiam o contexto incerto de atuação.
> A *fase seguinte* é caracterizada pela intelectualização do problema, em que o sujeito raciocina sobre possíveis soluções.
> A *terceira etapa* é alicerçada pela observação e experiência, delineadas pela investigação e teste de possibilidades.
> A *penúltima fase* é a de reelaboração intelectual, em que o sujeito reconsidera suas hipóteses, dá uma mirada sobre o problema em todos os seus aspectos e, dependendo da bagagem experiencial que tiver, depreende raciocínios importantes que induzem à *quinta etapa*: a verificação. Nesse momento, apura-se se as conclusões foram aceitáveis ou merecem redirecionamento.

Tomando como norte esse processo de pensamento, empreendi a análise dos enunciados dos partícipes buscando desprender estas etapas de pensamento e apontar seu processo reflexivo. Para tanto, organizei as fases de pensamento em dois momentos.

No *primeiro* deles, concentrei a identificação das três primeiras etapas do pensamento — *situação problemática; intelectualização do problema; observação e experiência* — com vistas à tomada de consciência do contexto, por parte do supervisor.

No *segundo* momento, agrupei as duas últimas etapas — *reelaboração intelectual e verificação* —, de modo a entender como *pensamento reflexivo* interfere na *revisão* de *postura* e *ressignificação* de ações.

Ressalte-se que as fases não acontecem de modo linear e processual, mas se misturam, se sobrepõem, apresentam progressos e retrocessos. O que busquei foi identificá-las no movimento do pensar dos interlocutores. A Figura 3 sintetiza o movimento como descrito, em que o pensar é permeado por aspectos sociais, políticos e culturais, pelas experiências pessoais, valores e crenças e pelos conhecimentos científicos e acadêmicos.

Figura 3 – Movimento do pensar reflexivo do supervisor na experiência supervisiva

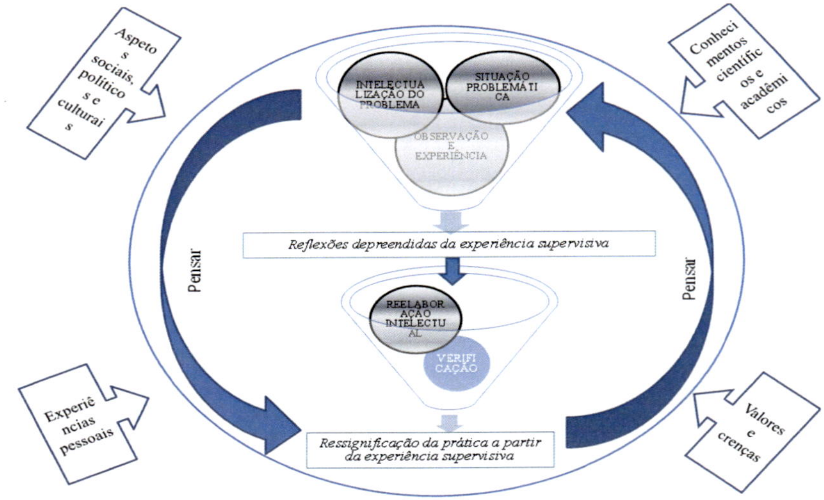

Fonte: adaptado de Dewey (1989).

a. Reflexões Depreendidas da Experiência Supervisiva

O pensar reflexivo pressupõe a tomada de consciência de uma realidade, e, a partir disso, ponderar estratégias de enfrentamento das situações-problemas: acomodação ou intervenção no contexto e/ou transformação de si e da situação.

A perspectiva é que a reflexão do professor se fortaleça, por meio de uma formação docente que leve em conta as demandas atuais de sociedade e escola, os conhecimentos científicos e acadêmicos, os saberes relativos à docência, os desafios que envolvem a educação e seu contexto repleto de incertezas e imprevisibilidades. A formação, como descrita, não mostra ao professor respostas elaboradas ou ensaiadas previamente sobre as realidades, pelo contrário, instiga o professor a questionar situações e ter a prática como contexto de investigação e reflexão. Entram em cena habilidades como criatividade, ousadia, inventividade, experimentação, descoberta, revisão e reconsideração, fundamentais à atuação do professor como crítico, ou seja, como alguém que busca efetivas mudanças contextuais.

A supervisão de estágios pode assumir essa feição formativa para o professor supervisor quando ele parte de sua realidade concreta para observar, questionar, raciocinar e decidir. Na experiência supervisiva, o professor supervisor pode refletir com seus alunos, considerando as experiências que já trazem, e oportunizando novas vivências, projetar conhecimentos novos e reorientar suas práticas, levando em conta os aspectos sociais, estruturais, políticos, culturais que intervêm nas ações.

Pimenta e Lima (2011) alertam para as dificuldades dos professores em perceber as articulações entre condições de trabalho, políticas, práticas educacionais e mudanças vindas das reformas de ensino, por causa de uma formação alicerçada na técnica, da correria em busca de qualificação, da ampliação excessiva da carga horária de trabalho, aliadas às demandas pessoais e familiares. Esse contexto esgota o tempo para a reflexão, entrava o refinado processo do pensar reflexivo, afora nutrir o ciclo de repetições que ainda marca a educação.

Desse modo, o pontapé inicial é a tomada de consciência da situação problemática, ilustrada pelos seguintes excertos de fala dos interlocutores:

> *Uma consideração importante que a gente vê é que passados os anos a qualidade do ensino público tem diminuído. Eu atribuo isso mais a forma de avaliação. Por quê? Se você fizer um parâmetro entre a educação dos anos oitenta e a educação atual, o nível tem caído consideravelmente. Por quê? Por conta da forma de avaliação* (Proust, 2015).

> *Por mais que se estude pra doutorar em Pedagogia, sempre vão acabar fugindo de uma realidade de dentro da sala de aula, e a nossa realidade é muito difícil. Fazer com que as pessoas leiam, aprendam... e não têm esse hábito de ler, aprender e raciocinar, é muito complexo. Eu ainda, até hoje não achei na Universidade e em lugar nenhum algum método, alguém que tenha a fórmula correta que faça com que as pessoas mudem a sua cultura que é de adquirir conhecimento por meio da leitura* (Gauss, 2015).

> *A gente não tem acesso a uma capacitação, assim, que seja que a secretaria possa fazer com a gente em metodologias mais avançadas. Então a gente tem que buscar um método pra tentar fazer com que eles entendam [...] Eu não sou assim, muito boa [...] assim, na hora de transmitir conhecimento, não sei se a dificuldade é de linguagem ou alguma outra coisa, mas eu tenho essa dificuldade. Aí eu percebo que tem aluno que entende e tem outros que...* (Goodall, 2015).

> *Aí sempre vem aqueles comentários: "Mas como é que a gente consegue trazer o ensino da rede privada pra rede pública?" A gente responde ideologicamente que queria trazer, mas a gente não tem material humano pra isso... A gente até gostaria que não ficasse aquela falácia* (Laplace, 2015).

Os interlocutores, em suas narrativas, admitem limitações na prática educativa. Ao comentar sobre a decrescente qualidade da educação nos últimos anos, identificam-se motivos ligados à desarticulação teórico-prática, ao distanciamento entre conhecimentos acadêmicos e conhecimentos práticos, à necessidade de formação, às condições sociais que interferem no ensino público e privado, bem como às próprias condições pessoais. A primeira etapa do pensamento vai se delineando no momento em que o sujeito constata o problema e reconhece suas incertezas.

A reflexão sobre um problema é tanto mais complexa quanto mais conhecimentos e experiências embasarem-na (Dewey, 2007). Identifiquei na fala dos sujeitos evidências de uma formação desalinhada do modelo reflexivo do professor, quando, ao intelectualizarem o problema, ou seja, levantar hipóteses do que pode contribuir com a situação, focalizam aspectos pontuais sem, no entanto, buscar a articulação e a coerência entre eles.

Ressaltam a falta de conexão entre o que se estuda e a realidade e analisam a situação fragmentando os elementos sem sintetizá-los para que tenham uma visão global do problema. Isso fica evidente na fala de Gauss, quando ele enfatiza que alguém, mesmo "doutorando-se em Pedagogia" ainda não criará um método eficaz para ensinar.

A interlocutora Goodall admite a necessidade de manter-se em formação para acompanhar a demanda social. Reconhece suas carências ao mesmo tempo em que credita a outrem responsabilidade por sua formação. Laplace assume que tem posturas diferenciadas na rede pública e na rede particular pela falta de "material humano", o que me permite inferir que atribui aos alunos essa falha. Recorro a Imbernón (2010, p. 21) para entender que essa forma de percepção da realidade é um problema que não está "[...] apenas nos sujeitos docentes, e sim nos processos políticos sociais e educativos". Tais problemas permeiam a formação e a profissão docente, imprimindo inércias do passado encaradas como naturais da profissão (Imbernón, 2010).

No modelo formativo de racionalidade técnica, o professor é visto como alguém que aplica regras, reproduz estratégias e desconsidera as especificidades contextuais. É um repetidor de ações e não um promotor de inovações. Lacerda (2002, p. 71) destaca que "aprendemos em nossa formação a desenvolver um olhar distanciado sobre as questões que nos afligem, e buscar fora delas as muitas respostas que poderiam nos ajudar a resolvê-las". Isso pode ser ilustrado por outra passagem da fala de Gauss:

> Sim, mas eu não falto. Chego aqui no horário, até primeiro que vocês. Dou minha aula, escrevo no quadro, respondo o exercício, tiro dúvidas e todo mundo tira nota baixa do mesmo jeito. Às vezes as notas vêm mais baixas do que... Será que a culpa é realmente do professor? A culpa é da escola? A culpa é da diretora, que pune vocês com suspensão e vocês vão embora daqui? Também é uma pergunta (Gauss, 2015).

A descrição da execução de tarefas repetidas que levam às mesmas consequências ainda não descortina o olhar do professor para possibilidades de mudança, mantendo-o "seguro", longe do problema, pois cumpre suas obrigações. No entanto, a formação que tem a própria prática como objeto de análise permite a superação da separação artificial entre teoria e prática, promove o desenvolvimento do caráter holístico do pensamento do professor, além de propiciar o entendimento da prática como núcleo de investigação e não como contexto de aplicação teórica (Pérez Gómez, 1992).

A partir de uma observação atenta *da e* na experiência supervisiva, a prática do professor supervisor pode se constituir alvo de análise, quando propicia confrontação com outras práticas e outras realidades. Desta experiência, portanto, emergem reflexões importantes:

> Então, o sentido de "estancar" é exatamente isso aí, a gente tem sempre que estar procurando mudar alguma coisa, fazer algo diferente. "No ano passado, eu fiz assim. Esse ano eu posso fazer como?". Então eu acho que é importante, porque a gente tem que acompanhar. Se a gente for observar, voltar alguns anos, a gente vê quanta coisa mudou em vinte anos. E aí você chega em sala e aula e as coisas do mesmo jeito, as carteiras todas viradas, o quadro é a mesma coisa. Acredito que uns cinquenta anos atrás, o que mudou foi essa juventude que não é a mesma, mas a gente precisa se adaptar, mudar, entendeu? Quando se vê, por exemplo, o estagiário dando aula, iniciando, a gente percebe, por exemplo, faz um pouco de reflexão de quando a gente começou, quando eu comecei, em relação ao que eu melhorei, o que eu posso melhorar. Então, quando a gente vê aquelas pessoas que estão iniciando ali como estagiários, a gente procura repensar os conceitos que aplica na sala de aula (Proust, 2015).

> É muito mais fácil eu botar culpa nas disciplinas, botar culpa no mundo inteiro, botar culpa no professor, é mais comum botar culpa no professor do que fazer autorreflexão e dizer: "realmente, o que eu estou fazendo para me tornar um cidadão melhor? O que eu estou fazendo pra ser um bom profissional? Eu mereço o que eu ganho?", então essa é a pergunta (Gauss, 2015).

> [...] Quando olho pra eles, eu me lembro de mim, na idade deles e as dificuldades que eu tinha. Eu ainda tenho algumas dificuldades hoje que foram da minha formação, assim, que faltou. Tá entendendo? Que faltou da minha formação e que às vezes eu tento completar alguma coisa, mas falta uma fonte, assim de conhecimento. [...] Então você vai buscar o porquê de eles não entenderem. É a linguagem que eu utilizo? Eu tenho uma estagiária aqui que foi à quadra. Ela tinha uma linguagem totalmente diferente da minha e ela conseguiu se fazer entender melhor do que eu. Eu fiquei observando ela [risos]. É uma linguagem mais jovem, utilizando os termos que eles usam (Goodall, 2015).

> *Eu acho que essa supervisão, a gente acompanhando as pessoas que já, já serão professores também, a gente vê que a nossa formação que é de vinte e cinco anos atrás... eu sou formado há vinte e sete... a gente percebe que muita coisa mudou em termo de formação, em termo de programação, conteúdos [...] A nossa formação tem um momento e a gente vive em outro diferente, quer dizer, eu sou licenciado em Ciências com habilitação em Física, é o famoso currículo antigo [...] Quem sai da Universidade hoje com o curso qualitécnico, eles não têm essa visão grande, embora tenham mais prática do que a gente, entende? Só que antes, só entrei em um Laboratório de Física uma vez na minha Graduação num experimento que quem fez foi a professora* (Laplace, 2015).

Os enunciados demonstram que observar os estagiários e experienciar a supervisão possibilita aos professores depreender reflexões altamente relevantes à sua atuação enquanto professores. Aspectos referentes à formação inicial, à necessidade de manter-se em formação contínua, de ponderar particularidades socioculturais emergem como inquietações pertinentes ao pensamento reflexivo.

Freire (1996, p. 40) ressalta que a constatação do problema, embora não implique na mudança permite sua assunção que "[...] vai se fazendo cada vez mais assunção na medida em que ela engendra novas opções, por isso mesmo ela provoca ruptura, decisão e novos compromissos". Entendo que as ponderações dos supervisores podem se converter em mudanças de atitudes se, cada vez mais, ganharem contornos nítidos. Em vista disso, sintetizo, na Figura 4, as principais reflexões emergidas da experiência supervisiva, apontadas pelos interlocutores.

Figura 4 – Reflexões depreendidas da experiência supervisiva

```
┌─────────────────┐   ┌─────────────────┐   ┌─────────────────┐
│  Necessidade de │   │  Reconsideração │   │  Reconhecimento │
│  se manter em   │   │  de crenças e   │   │  das deficiências│
│    formação     │   │     valores     │   │   na formação   │
│                 │   │    arraigados   │   │     inicial     │
└─────────────────┘   └─────────────────┘   └─────────────────┘

┌─────────────────┐   ┌─────────────────┐   ┌─────────────────┐
│   Premência de  │   │  Consideração da│   │   Percepção da  │
│    atualização  │   │ própria implicação│  │   influência das│
│  metodológica e │   │    no processo  │   │     relações    │
│     didática    │   │    educativo    │   │ interpessoais na│
│                 │   │                 │   │   aprendizagem  │
│                 │   │                 │   │    dos alunos   │
└─────────────────┘   └─────────────────┘   └─────────────────┘

┌─────────────────┐   ┌─────────────────┐
│  Constatação da │   │  Ponderação das │
│  desarticulação │   │   condições de  │
│ entre a escola e o│ │ trabalho docente│
│   contexto real │   │                 │
└─────────────────┘   └─────────────────┘

              ┌──────────────────────────┐
              │  EXPERIÊNCIA SUPERVISIVA │
              └──────────────────────────┘
```

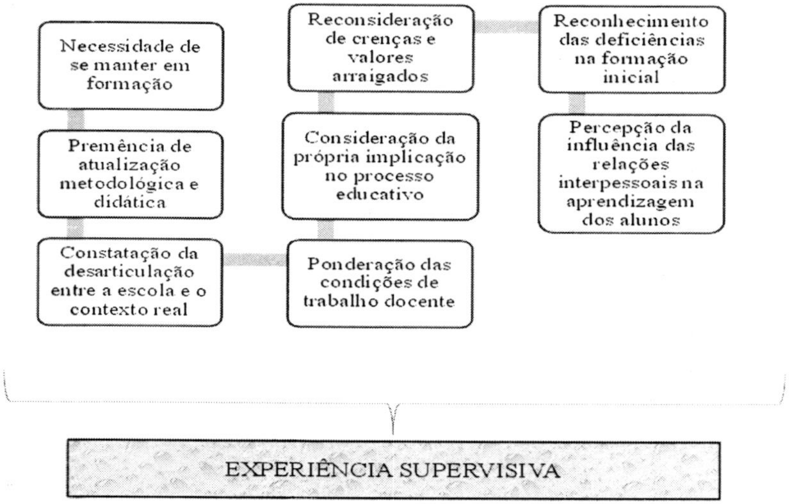

Fonte: dados da pesquisa

Os aspectos apontados pelos interlocutores me permitem inferir que a supervisão despertou atitudes de flexibilidade, curiosidade e disponibilidade para aprender. Nesse sentido, o pensamento reflexivo promove a transição de um estado de comodidade e certeza para uma postura dinâmica e questionadora, em que a dúvida se prolonga e o indivíduo "[...] observa o entorno em busca de outras maneiras de atravessar; reflete sobre a importância de atravessar" (Dewey, 2007, p. 111). Ao favorecer essas constatações, a prática supervisiva vai se configurando como espaço de formação para o supervisor.

b. Reencaminhamento da prática a partir das aprendizagens construídas como supervisor de estágio e partícipe da pesquisa

O pensamento reflexivo proporciona ao sujeito constatar um problema, levantar hipóteses sobre ele, observá-lo e confrontá-lo. Esse movimento é válido por permitir a compreensão da realidade e a ponderação dos aspectos relacionados a ela. Quando as constatações depreendidas deste pensar provocam uma reelaboração intelectual, orientam modificações contextuais e se convertem em tomadas de atitude, então o pensamento reflexivo assume toda a sua complexidade.

A reelaboração mental constitui o momento do pensar em que o encadeamento de aspectos, antes tidos como incoerentes ou desconectados, se processa e o sujeito dá sentido ao observado e ao vivido, produzindo um conhecimento próprio, original, fortalecido teoricamente e seguro de ser validado ou contestado. Todo esse transcurso se constitui em uma barreira para julgamentos precipitados que, muitas vezes, emperram mudanças no contexto. Dewey (2007, p. 100) afirma:

> Abordamos um novo evento de modo indireto, em vez de imediatamente – pela invenção, engenhosidade e sabedoria. Um conhecimento idealmente perfeito representaria essa rede de interconexões, de maneira que qualquer experiência passada poderia significar uma vantagem para lidar com o problema apresentado em nova experiência.

O autor nos fala de elementos imprescindíveis à reflexão: empreender, conhecer, saber, criar, experienciar e interrelacionar os aspectos contextuais com os elementos citados. Como já mencionei, quanto mais rica for essa bagagem de saberes e experiências, mais profícuo o conhecimento produzido. Tenciono refinar o pensamento, entretanto, admito as limitações imanentes ao ser humano. Desse modo, a transformação de um contexto pode não se delinear após um processo reflexivo, mas o próprio processo do pensar, em suas idas e vindas, produz uma recompensa mental que mesmo diante da falha, na prática, experimento um significado (Dewey, 2007) que estimula outros pensamentos.

Os interlocutores do estudo, em suas narrativas, evidenciaram novos rumos dados a partir da experiência supervisiva, salientando diferentes tomadas de decisão a partir de reflexões e mudanças em suas práticas.

> *Tem muitas coisas que a gente pode mostrar a partir dum erro: "Tá aqui, isso aqui tá errado" e também é importante. [...]. A gente tá ali pra ver, pra conhecer, a gente tá ali também aprendendo de certa forma, vendo que experiências ele tem que vai contribuir com a gente. Algo que ele vai estar repassando pra nós da maneira mais simples, talvez seja a maneira mais fácil e concreta do que a gente que tá em sala, então "Olha, como é. Seria tão simples se eu tivesse feito dessa forma e eu estou complicando tanto", então dá pra fazer desse jeito também e a gente aprendendo. O professor também é um eterno aprendiz* (Proust, 2015).

> *Isso me motivou pra que eu não estancasse e mudasse minha forma de aula como o Professor falou aqui, que foi exatamente propor atividades experimentais em sala de aula. Pra isso, eu comprei uma coleção de livros sobre experimentos de Física e junto com um colega, começamos a pesquisar e inclusive bolamos outros experimentos, sabe? Gastei dinheiro do meu bolso pra gente montar esses aparatos e poder apresentar em sala de aula. Até aí tudo bem. Inclusive alguns experimentos funcionavam até melhor do que a gente imaginava; outros simplesmente não deram certo e a gente tentou buscar explicação do porquê de não dar certo. E, claro, na prática realmente conduz a um aprendizado bem eficiente* (Gauss, 2015).

> *Uma coisa assim que eu tinha dificuldade é a questão da abordagem do conteúdo. Eu digo porque eu uso muito os termos da Biologia e como a menina lá utilizava uma linguagem mais cotidiana, então eu comecei a prestar atenção nisso. Tentar explicar de uma forma que chegue a eles de uma forma mais realista, que eles possam entender de acordo com o cotidiano deles, o que não é muito fácil de você conseguir fazer* (Goodall, 2015).

> *Eu via que por aquela forma de abordar o aluno compreendia melhor, então eu comecei a ver como eles faziam aquela abordagem, até porque os alunos têm uma linguagem mais simples, então vi que eu poderia, eu posso adequar uma linguagem técnica a uma linguagem mais fácil. [...] Foi essa forma que eu procurei reaprender algumas coisas da minha prática educacional, ou seja, ver como é que eles trabalham, como é que eles traziam alguns questionamentos para o aluno; uns trabalhavam trazendo perguntas e respostas, uns trazem umas atividades de V ou F, e aí eu procurei ver o que deu certo lá que eu poderia usar na minha prática. [...] Eu não tinha essa prática de fazer experiência e mostrar. Eu sempre previa, preferia pegar um vídeo na Internet e mostrar pro pessoal lá como é que faz e também estava bom. O fato de botar o aluno pra fazer é interessante, então essa prática eu procurei modificar* (Laplace, 2015).

As falas dos sujeitos me possibilitam observar que as reflexões sobre a própria prática, emergidas *da* e *na* experiência supervisiva, se configuraram em efetivas mudanças de atitude dos supervisores na direção de uma prática mais centrada nos alunos e menos na execução de regras. Proust, Gauss e Laplace destacaram, por exemplo, que o erro pode servir de mote para uma aula em que os alunos têm participação ativa e levantam hipóteses sobre as causas da falha. É válido ressaltar a própria postura investigadora do professor, que se movimenta na busca de ampliação do conhecimento e investe no próprio processo de formar-se e conhecer.

Na prática em que o aluno é visto como sujeito, seus conhecimentos passam a ser valorizados pelo professor e o respeito à sua cultura, à sua linguagem e à sua realidade é realçado. Além disso, a busca de incrementos metodológicos e didáticos, destacada na fala dos professores, atesta que a prática passou por importantes interferências na experiência supervisiva. Desse modo, concordo que o ato de pensar de forma reflexiva constitui um fim educacional, pois orienta a ação para uma finalidade consciente, prepara condições a uma intervenção e enriquece o sentido das ações (Lalanda; Abrantes, 1996), como verificado nas narrativas dos professores. Na Figura 5, sistematizo as ressignificações intentadas pelos supervisores:

Figura 5 – Mudanças de prática empreendidas pelos professores a partir da experiência supervisiva

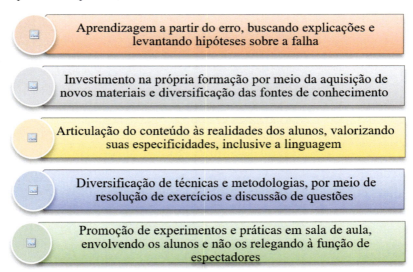

Fonte: dados da pesquisa

As modificações propostas e descritas pelos professores estão em consonância com as interpretações sobre a aprendizagem, discutidas nas pesquisas educacionais nos últimos 25 anos (Zeichner, 1992) que incluem focalizar o entendimento dos alunos sobre o conteúdo e não sobre a repetição; ampliação da participação e discussão discente em sala de aula; consideração das experiências de vida e compreensões prévias dos alunos; respeito aos recursos linguísticos que os alunos trazem à escola; maior distanciamento de materiais comercialmente produzidos e uso de recursos mais diversificados.

Os professores, ao vivenciarem a experiência supervisiva, dispararam um processo reflexivo, tendo suas práticas como objeto de análise e ponderação. Ao admitirem suas limitações, assumiram maturidade pessoal e profissional, disponibilizando-se a aprender, a revisar certezas e a mudar suas práticas. A educação, no entanto, é processo, e como tal, marcada por idas e voltas, caminhos e descaminhos. Como cita Freire (1996), as mudanças são possíveis, mas não são imediatas, o que convém persistir na formação docente. A fala do interlocutor Gauss exemplifica esse movimento:

> [...] Quando a gente volta pra sala de aula, a gente vê uma turma de quarenta alunos, quarenta e seis alunos, todo mundo falando ao mesmo tempo, todo mundo inquieto e é só no telefone, você tá lá falando com ele e ele lá com a cara no telefone, com o fone de ouvido, aí você vê que a realidade é bem mais difícil (Gauss, 2015).

A formação, sob meu ponto de vista, torna-se genuína quando se constitui em caminho pelo qual o professor fortalece sua tomada de atitude, permite seu desenvolvimento profissional, aproxima sua relação com os pares, compreende o aluno enquanto sujeito e assume sua prática como objeto de investigação e reflexão. Desse modo, entende que as mudanças processuais são muito relevantes e não só os resultados esperados.

Nessa perspectiva, enfatizo a pesquisa desenvolvida como processo formativo para os professores supervisores. A literatura (Souza, 2006; Clandinin; Connelly, 2011; Bolívar, 2012; Josso, 2012; etc.) acentua o método autobiográfico e as narrativas como técnicas que permitem a investigação de uma realidade, a reflexão dos partícipes sobre ela e, ainda, fomenta processos de formação e (auto)formação.

No desenvolvimento do estudo, os interlocutores tiveram a oportunidade de escrever sobre si, pensar e registrar sobre sua trajetória pessoal e profissional, colocando-se como protagonista em suas imersões reflexivas. Muitas questões foram pontuadas posteriormente, nas rodas de conversa, oportunidade em que os supervisores tiveram voz para se expressar, se socializar, se questionar, desenvolvendo um exercício valioso de pensar. Os enunciados destacados revelam a dimensão pesquisa-formação que as narrativas proporcionam:

> *Eu me sinto até satisfeito, e aliviado em saber que não só eu passo pelas dificuldades que eu já tenho mencionado, sabe? Então, eu vejo que o problema não é só em mim, o problema não é só nos meus colégios e sim num contexto todo e que nós também somos parte do problema. Também não queremos dizer aqui que somos perfeitos e que todo o resto não funciona, também não é assim. Claro que cada um de nós quando tivermos oportunidades melhores de nos preparar, certamente produziremos até mais, não é verdade?* (Gauss, 2015).

> *Pra mim foi uma forma de conhecer a supervisão, mas também uma forma de você expor sua experiência e também e uma forma de avaliação. Você se autoavaliar, porque sou prática. [...] Eu, pelo menos, sou assim, sou muito crítica comigo mesma, então eu fico o tempo todo me comparando com os outros, embora não seja de falar, mas isso pra mim é mental, eu faço isso mentalmente* (Goodall, 2015).

As narrativas dos sujeitos ressaltam o caráter conciliador e atenuador de inquietudes da fala. O interlocutor Gauss demonstra seu contentamento diante da experiência de socialização de seus anseios e reconhece que a prática educativa requer uma visão holística do fenômeno. Estabelecendo um diálogo com os pares, o professor seguiu seu trajeto autoformativo interiorizando/exteriorizando, integrando/explorando, aceitando/buscando (Pineau, 2012) suas práticas e as práticas dos colegas, tornando-se sujeito de seu conhecimento.

Ao identificar aproximações entre seus desafios e os dos demais professores, desenvolveu-se um sentimento de pertença que ampliou sua forma de compreender as situações contingenciais, admitindo-se como ente implicado no processo educativo.

Goodall salientou o movimento do pensar fomentado pelas rodas ao assumir que comparou, questionou, criticou a própria experiência a partir do compartilhamento de saberes e práticas dos colegas. Além disso, a interlocutora sublinha a expansão de seu conhecimento sobre a atribuição do supervisor, assim como foi reforçado por outros sujeitos:

> *O que me chamou mais atenção foi a importância do Estágio Supervisionado, que até então, antes dessa pesquisa era como uma atividade a mais pra aborrecer os jovens mesmo, pra justificar lá no Diploma pra você assinar e aí seria uma atividade banal mesmo para o aluno passar a ter o direito do Diploma de Licenciatura. Então, a partir dessa reunião aqui eu passei a enxergar a importância a mais que eu não tinha visto antes e que a importância de nós, professores, como professores, já trabalhando nessa atividade, da importância da nossa preparação na influência do curso supervisionado* (Gauss, 2015).

> *Mesmo nessa dificuldade que nós temos de rodamoinho, que nossos sonhos, de vez em quando, são levados pela fogueira do desânimo, pela fogueira da crítica, pela fogueira do diretor de dizer que parte da culpa é disso e parte do professor, sempre a culpa é do professor, mas mesmo com essas dificuldades de sobe e desce do moinho, mesmo com os ventos contrários na nossa prática laboral, nesta prática, eu vi que temos que olhar mais aquele sujeito que tá ali no estágio, uma pessoa que precisa de mim de alguma forma, e que eu me sinto hoje um estagiário sendo supervisionado pelo meu aluno* (Laplace, 2015).

Os excertos me possibilitam depreender que os interlocutores passaram a ver o estágio como experiência formativa fecunda para os estagiários e para si próprios, assumindo ponderações futuras sobre sua conduta enquanto supervisores e a necessidade de insistir nas mudanças mesmo diante das dificuldades que se lhes apresentam no contexto. As certezas, nesse sentido, deram lugar às dúvidas e estas mantêm ativo o pensamento reflexivo. A pesquisa narrativa revela-se alicerce para a tríplice aventura citada por Pineau (2012):

expressar, socializar e formar, produzindo um sujeito inédito com conhecimentos próprios e originais que não são estanques, tendem a articular-se às especificidades educativas.

Diante do exposto, a supervisão de estágios se delineou como expressiva situação disparadora de reflexões que podem ser convertidas em ressignificação de ações e mudanças na prática dos professores supervisores. Esses, por sua vez, adotam uma postura de disponibilidade para aprender que reafirmam o estágio como espaço formativo para si e, para além disso, delineiam a pesquisa narrativa como estratégia de formação.

REFLEXÕES FINAIS

> *A Fada-Mãe estava na porta, esperando por elas.*
> *– Onde estiveram?*
> *– No horizonte, mamãe. Essa professora não ensina falando, não. Ela ensina indo.*
> *Mas a Fada-Mãe não era boba: foi lá dentro e, em vez de vinte estrelinhas, trouxe trinta, para o pagamento.*
> *– Muito obrigada – disse ela. – Nunca vi minha filha gostar tanto de uma lição.*
> *A Professora não quis receber:– Não vou cobrar nada por essa aula. Eu é que aprendi muito com a sua filha.*
> (Almeida, 2007, p. 26)

A epígrafe que inicia esta sessão ilustra nossa caminhada no desenvolvimento da pesquisa. Durante esse percurso em que realizei leituras, propus encontros formativos com os interlocutores, constatei limites e possibilidades de uma prática pautada na reflexão, levantei hipóteses, obtive alguns êxitos e alguns insucessos, sempre tendo como objeto as aprendizagens docentes dos professores supervisores. Ao avistar o horizonte, constatei: muito mais aprendi nesse trajeto formativo.

Ao propor este estudo, compus um quadro teórico-empírico que pode contribuir sobremaneira para a discussão a respeito da formação de professores, visto que eu trouxe para a discussão aspectos relativos à experiência como algo que nos afeta, ao Estágio Supervisionado como possibilidade formativa para o professor supervisor, às aprendizagens docentes desenvolvidas na supervisão de estágio, que pode ser espaço de relevantes experiências e aprendizagens para os atores que dela participam.

Contudo, faz-se pertinente registrar minhas reflexões sobre a vivência como pesquisadora e as transformações pessoais e profissionais pelas quais passei e pretendo continuar.

O interlocutor Laplace, durante uma roda de conversa, fez o seguinte registro: *"Partilhe conosco também a sua experiência enquanto professora, enquanto formanda, pois eu lhe peço, se a amiga perceber que pode contribuir de alguma forma na minha parte laboral [...] seria enriquecedor".*

Dessa fala depreendi dimensões imprescindíveis ao professor que não quer deixar as coisas como estão. O primeiro aspecto apontado por ele é "partilha". O itinerário da pesquisa me propiciou entender o verdadeiro significado da palavra em destaque. Até então, entendia partilha como divisão ou distribuição de algo, no caso, conhecimento e experiências. No entanto, próximo a esse horizonte da chegada, percebi que partilha se constitui muito menos de divisão e muito mais de entrega, troca, implicação. Nesse sentido, mergulhei nas atividades relativas à pesquisa, assumi uma postura livre para a aprendizagem, experienciando as rodas de conversa, de modo que fui impactada pelas histórias, falas e individualidades dos interlocutores, em uma relação de envolvimento dialético.

Outro ponto ressaltado no enunciado é a classificação que recebi: "formanda". Perspectivei obter um título de doutoramento com o mesmo vigor que perspectivo continuar minha trilha formativa e jamais deixar de estar em formação, por entender este como pré-requisito para ensinar. Assim, surge a única certeza que me acompanha: a da incompletude e do inacabamento. Tendo as dúvidas como motivo, continuei a mover-me pela aprendizagem.

O último aspecto a ser comentado, parte da interação dos termos 'contribuir' e 'enriquecer', citados pelo professor partícipe da pesquisa. Ao que parece, o primeiro implica no segundo, pois quando se contribui para algo, este algo se torna maior, mais rico. A fala do professor ilustra esta premissa quando ele solicita subsídios à sua prática. No entanto, a reflexão que emerge vai ao encontro da imbricação das palavras contribuir e enriquecer: contribuo tornando algo mais rico; sobretudo, nessa experiência, que me tornou rica porque contribuí. Nessa direção, sinto-me, de início, insegura e repleta de hipóteses, ainda assim, consegui estabelecer laços, participar do dia a dia da escola de forma ativa, aprender com meus pares, refletir com eles a partir da análise de suas falas. Entretanto, tendo a certeza do inacabamento; permaneço com dúvidas que me inspiram à continuidade de meu processo formativo e investigativo.

Diante do exposto, tracei um balanço do estudo partindo do problema inicialmente proposto, e articulando-o aos achados que a pesquisa propiciou. No horizonte, situei a seguinte problemática: de que forma a experiência supervisiva no estágio se constitui em fonte de aprendizagem docente para o professor supervisor?

Para dar conta de responder ao problema, a pesquisa foi trilhada no campo das narrativas, por meio da escrita de um Memorial e dos desenvolvimentos de rodas de conversa, encontros formativos nos quais uma ideia, articulada ao tema da pesquisa, é discutida pelos partícipes por meio do diálogo que se institui. Enquanto o Memorial se caracteriza por um momento mais individualizado de reflexão sobre si e de registro, as rodas se configuram como espaço dialógico em que as reflexões são empreendidas coletivamente.

Com base nos dados produzidos, destes, fiz reiteradas leituras, no sentido de delinear núcleos de sentido e balizar eixos e indicadores de análise. A intenção era fragmentar os dados, promovendo uma interação com autores que tratam da temática e, posteriormente, desenhar uma síntese que contemple as constatações do estudo.

O tratamento dos dados possibilitou-me, a partir dos objetivos do estudo, definir eixos analíticos que se articularam com as questões de pesquisa. O caminho formativo do professor supervisor de estágio foi desenhado na intenção de compreender características da formação pela qual passaram (e ainda passam) estes profissionais. A experiência profissional e a experiência supervisiva delinearam-se como fontes de aprendizagens profícuas ao professor, permitindo o reencaminhamento de ações e a revisão de conceitos estabelecidos.

As histórias de vida dos professores supervisores revelaram aproximações que os fizeram caminhar para a escolha da docência como profissão, embora essa não fosse sua prioridade formativa. Pelas análises, constatei que a formação inicial, sozinha, não dá conta de demarcar, no professor, o sentimento de pertença à categoria.

Aponta, também, a premência de mais formação continuada, pois, o ser professor se delineia em um processo de desenvolvimento profissional, marcado pela experiência direta no trabalho, pelas relações sociais estabelecidas pelos professores em ambientes diversos, pelos elos financeiros com a profissão e pelas aprendizagens sociais referentes à carreira.

Constatei, pelo desenvolvimento do estudo, que o Estágio Supervisionado suscita interferências no processo formativo do professor, amparando possibilidades de desenvolvimento profissional, mas também se convertendo em limite à prática reflexiva, quando o caráter burocrático e desarticulado da realidade desponta como características desta atividade formativa. Tais características, vale ressaltar, ainda se delineiam em formações da atualidade, mas tomar o Estágio Supervisionado como atividade profícua à reflexão e à experiência é o caminho que se faz urgente.

As análises dos enunciados me permitiram atestar que a maneira como os professores vivenciaram o Estágio Supervisionado na sua formação inicial influencia a atuação supervisiva, que pode atribuir maior ou menor importância à atividade em consequência da maneira como conceberam o estágio enquanto licenciandos. Além disso, constatei que na formação pautada na racionalidade técnica entrava o desenvolvimento de uma visão crítica e holística do professor sobre o fenômeno educativo, fazendo-os concentrar suas avaliações nos resultados e desconsiderar o processo de construção de conhecimento.

Um importante achado do estudo pontua que o sistema escolar, ao considerar todas as pessoas iguais e suscitar padrões fixos de atividades, realça as diferenças individuais dos alunos, produzindo insucessos e dificuldades de aprendizagem. A evolução nos processos de ensino acontece quando as diferenças individuais são consideradas no sentido de conhecer o aluno e investir em suas potencialidades, tomando-o como sujeito ativo capaz de construir seu conhecimento.

Pelo que analisei, há muito que se investir na aproximação entre a instituição de formação de professores e a escola, para que, dessa relação, possam emergir importantes aprendizados e processos formativos para ambas instituições. Nesse sentido, o IFPI, como instituição formadora, revela limitações no que diz respeito à configuração do Estágio Supervisionado nas licenciaturas ofertadas em seu âmbito, uma vez que os estagiários se espalham em muitas escolas, dificultando o acompanhamento pelo professor de estágio e impedindo o maior alinhamento Universidade-Escola.

No entanto, o IFPI caminha em busca de um modelo formativo que propicie a imersão teórico-prática do formando, o que pode ser clarificado pelo exposto nos Projetos de Curso da Licenciatura, pelos investimentos em estruturas físicas e acervo bibliográfico mais articulado a uma formação fomentada pela reflexão do professor.

O estudo revelou que a atuação supervisiva pressupõe o desenvolvimento de aprendizagens, pelo supervisor, que passam pela observação atenta às situações de ensino, escuta sensível aos estagiários, favorecimento de reflexões dos estagiários sobre a prática docente e as especificidades da educação, além de subsídio à ampliação dos conhecimentos para ensinar (conteúdo). A atividade supervisiva precisa ser mais discutida nas escolas e instituições formadoras para que seus objetivos e contornos se tornem mais precisos, conhecidos por todos os envolvidos, debatidos e, continuamente, revistos. Esta é uma modalidade formativa que abriga inúmeras potencialidades — muitas vezes ainda embaçadas pela forma como é conduzida — para professores em formação permanente.

Encadeadas às aprendizagens necessárias à supervisão estão as aprendizagens dos professores supervisores que emergiram da experiência supervisiva: a atualização de conhecimentos, técnicas e estratégias de ensino, a adequação da linguagem às realidades socioculturais dos alunos e o estabelecimento de relações interpessoais mais amenas com os discentes são algumas delas. Da experiência supervisiva, os professores supervisores podem depreender reflexões importantes e necessárias à reorientação de sua prática. Observar a necessidade de manter-se em formação, a revisão de crenças e valores firmados, a ponderação sobre suas condições de trabalho, a identificação de deficiências na formação inicial são alguns exemplos do movimento do pensar crítico que os professores realizaram.

A partir das reflexões empreendidas, os professores procuraram ressignificar suas ações e práticas, incrementando as aulas com experimentos, considerando os alunos como partícipes do processo e não somente receptores do conhecimento. Diversificação de estratégias de ensino e atividades que contemplem os diferentes alunos que estão na escola foram apontadas como ações de redirecionamento da prática. Os professores, no entanto, reconhecem as dificuldades que se interpõem a uma efetiva mudança.

Entendo que o exercício de pensar coletivamente pode viabilizar a expectativa de novos cenários e outros caminhos a serem percorridos por alunos e professores. A escola deve, para além de estimular, garantir que momentos formativos aconteçam com vistas a desenvolver o comprometimento dos professores com a mudança, compartilhar ideias e conhecimentos e vislumbrar outras possibilidades educativas.

Acredito na construção de uma cultura na qual se reconhece a escola como contexto próximo da realidade e, por isso, dinâmico, complexo, labiríntico, mas construído socialmente e passível de transformação. O indivíduo é *um-ser-no-mundo* e, a partir de suas experiências e dos afetos produzidos, modifica-se e modifica o meio em que vive.

O desenvolvimento do estudo confirmou as feições de técnica de investigação e formação da pesquisa narrativa. Os interlocutores foram instigados a pensar reflexivamente, por meio de seus escritos e de suas falas, ponderando seus anseios, partilhando suas ideias, desmistificando suas crenças. Nesse sentido, delinearam mudanças de opinião no decorrer do processo e perspectivaram importantes alterações em suas práticas supervisivas a partir das reflexões empreendidas por essa modalidade de pesquisa. Reitero que a mudança é processo e, como tal, necessita de investimento constante nas oportunidades de reflexão pessoal e coletiva para que aconteça.

Diante do exposto, este livro, desenhado quando do início do estudo — a experiência supervisiva no estágio possibilita, ao supervisor, reflexão sobre a prática e ressignificações de ações, constituindo-se em situação formativa e fonte de aprendizagem docente para o supervisor — confirmou-se pelos achados da pesquisa. Considero necessário um investimento profícuo na supervisão, na certeza de que esta atividade pode se consolidar como espaço formativo legítimo para todos os atores implicados. A supervisão de estágio assume, nessa direção, a atribuição de formação contínua, demarcada por um projeto interventivo pensado e elaborado pelos atores implicados: professores da instituição formadora, estagiários e professores supervisores que, coletivamente, levantariam necessidades, interesses, anseios e construiriam possibilidades para a supervisão.

A perspectiva é consolidar a supervisão como espaço formativo para todos os implicados, em um planeamento que contemple observação, intervenção, avaliação e reencaminhamento de ações no bojo do Estágio Supervisionado, tendo como objeto de análise as práticas desenvolvidas. As rodas de conversa entre estagiários e professores podem se configurar como esse momento formativo e reflexivo durante o estágio.

Esse desenho pode descompartimentalizar a prática docente, estabelecer vínculos mais próximos entre os pares e entre instituições, além de produzir experiências capazes de tocar os sujeitos e enredar novos caminhos educativos.

Por fim, realço que o estudo pretendeu descortinar a experiência supervisiva como fonte de aprendizagem docente para o supervisor e contribuir para os debates acerca da formação de professores. Entretanto, ao tempo em que afirmo que o conteúdo deste livro pode engendrar novos estudos, focalizo a temática, aponto que este não termina aqui, mas sinaliza um considerável horizonte dentre os muitos que, sem dúvida, existem.

REFERÊNCIAS

ALARCÃO, I. Reflexão crítica sobre o pensamento de D. Schön e os programas de formação de professores. *In:* ALARCÃO, I. (org.). **Formação reflexiva de supervisores:** estratégias de supervisão. Porto: Porto, 1996.

ALARCÃO, I. **Professores reflexivos em uma escola reflexiva.** 7. ed. São Paulo: Cortez, 2010.

ALMEIDA, F. L. A professora de Horizontologia. *In:* ALMEIDA, F. L. de. **A fada que tinha ideias.** 12. ed. São Paulo: Ática, 2007.

AMARAL, M. J.; MOREIRA, M. A.; RIBEIRO, D. O papel do supervisor no desenvolvimento do professor reflexivo: estratégias de supervisão. *In:* ALARCÃO, I. (org.). **Formação reflexiva de supervisores:** estratégias de supervisão. Porto: Porto, 1996. p. 89-119.

ARANHA, A. V. S.; SOUZA, J. V. A. de. As licenciaturas na atualidade: nova crise? **Educar em Revista**, Curitiba, n. 50, p. 69-86, out./dez. 2013.

ARAÚJO, R. D. **O estágio supervisionado no Curso de Pedagogia da UESPI:** articulação teoria-prática na formação docente. 2009. 135 f. Dissertação (Mestrado em Educação) – Programa de Pós-Graduação em Educação, Centro de Ciências da Educação, Universidade Federal do Piauí, Teresina, 2009.

BARDIN, L. **Análise de conteúdo.** Lisboa: Edições 70, 1977.

BARREIRO, I. M. F.; GEBRAN, R. A. **Prática de ensino e estágio supervisionado na formação de professores.** São Paulo: Avercamp, 2006.

BARTHES, R. *et al.* **Análise estrutural da narrativa.** 5. ed. Petrópolis, RJ: Vozes, 2008.

BENJAMIN, W. **Magia e técnica, arte e política:** ensaios sobre literatura e história da cultura. 7. ed. São Paulo: Brasiliense, 1994.

BOLIVAR, A. Dimensiones epistemológicas y metodológicas de la investigación (auto) biográfica. *In:* PASSEGI, M. da C.; ABRAHÃO, M. H. M. B. (org.). **Dimensões epistemológicas e metodológicas da pesquisa (auto)biográfica**: Tomo I. Natal: EDUFRN; Porto Alegre: EDIPUCRS; Salvador: EDUNEB, 2012. p. 27-69. (Coleção Pesquisa (Auto)Biográfica: temas transversais).

BOURDIEU, P.; PASSERON, J-C. **A reprodução**: elementos para uma teoria do sistema de ensino. 5. ed. Petrópolis: Vozes, 2012.

BRASIL. Ministério da Educação. Lei de Diretrizes e Bases da Educação Nacional. Lei n. 9.394, de 20 de dezembro de 1996. Estabelece as diretrizes e bases da educação nacional. **Diário Oficial da União**, Brasília, DF, 23 dez. 1996.

BRASIL. Decreto n. 3462, de 17 de maio de 2000. Dá nova redação ao art. 8º do Decreto n. 2.406, de 27 de novembro de 1997, que regulamenta a Lei n. 8.948, de 8 de dezembro de 1994. **Diário Oficial da União**, Brasília, DF, 18 maio 2000.

BRASIL. Lei 11.788, de 25 de setembro de 2008. Dispõe sobre o estágio de estudantes; altera a redação do art. 428 da Consolidação das Leis do Trabalho – CLT, aprovada pelo Decreto-Lei n. 5.452, de 1º de maio de 1943, e a Lei nº 9.394, de 20 de dezembro de 1996; revoga as Leis nºs 6.494, de 7 de dezembro de 1977, e 8.859, de 23 de março de 1994, o parágrafo único do art. 82 da Lei nº 9.394, de 20 de dezembro de 1996, e o art. 6º da Medida Provisória n. 2.164-41, de 24 de agosto de 2001; e dá outras providências. **Diário Oficial da União**, Brasília, DF, 26 set. 2008.

BRASIL. Lei 11.892, de 29 de dezembro de 2008. Institui a Rede Federal de Educação Profissional, Científica e Tecnológica, cria os Institutos Federais de Educação, Ciência e Tecnologia, e dá outras providências. **Diário Oficial da União**, Brasília, DF, 30 dez. 2008.

BRASIL. Ministério da Educação. Conselho Nacional de Educação. **Parecer CNE/CEB n. 744**, de 03 de dezembro de 1997. Orientações para cumprimento do artigo 65 da Lei 9.394/96 – Prática de Ensino. Brasília, DF, 03 dez. 1997.

BRASIL. Ministério da Educação. Conselho Nacional de Educação. **Parecer CNE/CEB n. 518**, de 05 de agosto de 1998. Consulta sobre denominação de disciplinas e sobre a carga horária de estágio supervisionado, tendo vista a nova LDB (Lei n. 9.394/96). Brasília, DF, 05 ago. 1998.

BRASIL. Ministério da Educação. Conselho Nacional de Educação. **Parecer CNE/CP n. 27**, de 02 de outubro de 2001. Altera a redação do Parecer CNE/CP 9/2001. Brasília, DF, 02 out. 2001.

BRASIL. Ministério da Educação. Conselho Nacional de Educação. **Parecer CNE/CP n. 1**, de 18 de fevereiro de 2002. Institui Diretrizes Curriculares Nacionais para a Formação de Professores da Educação Básica, em nível superior, curso de licenciatura, de graduação plena. Brasília, DF, 18 fev. 2002.

BRASIL. Ministério da Educação. Conselho Nacional de Educação. **Parecer CNE/CP n. 2**, de 19 de fevereiro de 2002. Institui a duração e a carga horária dos cursos de licenciatura, de graduação plena, de formação de professores da Educação Básica em nível superior. Brasília, DF, 18 fev. 2002.

BRASIL. Ministério da Educação. Conselho Nacional de Educação. **Parecer CNE/CP n. 5**, de 04 de abril de 2006. Aprecia Indicação CNE/CP nº 2/2002 sobre Diretrizes Curriculares Nacionais para Cursos de Formação de Professores para a Educação Básica. Brasília, DF, 04 abr. 2006.

BRASIL. Ministério da Educação. Conselho Nacional de Educação. **Resolução CNE/ n. 2**, de 1º de julho de 2015. Define as Diretrizes Curriculares Nacionais para a formação inicial em nível superior (cursos de licenciatura, cursos de formação pedagógica para graduados e cursos de segunda licenciatura) e para a formação continuada. Brasília, DF, 01 jul. 2015.

BRITO, A. E. Narrativa escrita na interface com a pesquisa e a formação de professores. *In:* MORAES, D. Z.; LUGLI, R. S. G. (org.). **Docência, pesquisa e aprendizagem:** (auto) biografias como espaços de formação/investigação. São Paulo: Cultura Acadêmica, 2010. p. 53-67.

CHIZZOTTI, A. **Pesquisa qualitativa em ciências humanas e sociais**. 3. ed. Petrópolis: Vozes, 2010.

CLANDINI, D. J.; CONNELLY, F. M. **Pesquisa narrativa**: experiências e história na pesquisa qualitativa. Uberlândia: EDUFU, 2011.

CONTRERAS, J. **Autonomia de professores**. São Paulo: Cortez, 2002.

CORTESÃO, L. **Ser professor:** um ofício em extinção?: reflexões sobre práticas educativas face à diversidade, no limiar do Século XXI. 3. ed. São Paulo: Cortez, 2011.

CUNHA, L. A. **O professor de didática e as aprendizagens docentes:** um estudo focalizando narrativas. 2011. 123 f. Dissertação (Mestrado em Educação) – UFPI, Teresina, 2011.

DELORY-MOMBERGER, C. A pesquisa biográfica: projeto epistemológico e perspectivas metodológicas. *In:* PASSEGI, M. da C.; ABRAHÃO, M. H. M. B. (org.). **Dimensões epistemológicas e metodológicas da pesquisa (auto)biográfica:** Tomo I. Natal: EDUFRN; Porto Alegre: EDIPUCRS; Salvador: EDUNEB, 2012. p. 71-93. (Coleção Pesquisa (Auto)Biográfica: temas transversais).

DEWEY, J. **Democracia e educação:** capítulos essenciais. Apresentação e comentários Marcus Vinicius da Cunha. São Paulo: Ática, 2007.

DEWEY, J. **Cómo pensamos:** nueva exposición de la relación entre pensamiento reflexivo proceso educativo. Ediciones Paidós Ibérica: Barcelona, 1989.

DINIZ, J. E. **Formação de professores:** pesquisa, representações e poder. 2. ed. Belo Horizonte: Autêntica, 2006.

ESTEBAN, M. P. S. **Pesquisa qualitativa em educação:** fundamentos e tradições. Porto Alegre: AMGH, 2010.

FERRAROTTI, F. Sobre a autonomia do método biográfico. *In:* NÓVOA, A.; FINGER, M. **O método (auto)biográfico e a formação**. Lisboa: Ministério da Saúde, 1988. p. 17-34.

FORMOSINHO, J. Professores na escola de massas. Novos papéis, nova profissionalidade. *In:* FORMOSINHO, J. (coord.). **Formação de professores:** Aprendizagem profissional e acção docente. Porto: Porto, 2009.

FREIRE, P. **Pedagogia da autonomia:** saberes necessários à prática educativa. São Paulo: Paz e Terra, 1996.

FURNALETTO, E. C. **Como nasce um professor?**: uma reflexão sobre o processo de individuação e formação. São Paulo: Paulus, 2003.

GARCÍA, C. M. Pesquisa sobre formação de professores: o conhecimento sobre aprender a ensinar. **Revista Brasileira de Educação**, n. 9, p. 51-75, 1998.

GARCÍA, C. M. A formação de professores: novas perspectivas baseadas na investigação sobre o pensamento do professor. *In:* NÓVOA, A. (coord.). **Os professores e a sua formação.** 3. ed. Lisboa: Dom Quixote, 1992. p. 51-76.

GHEDIN, E.; ALMEIDA, M. I.; LEITE, Y. U. F. **Formação de professores:** caminhos e descaminhos da prática. Brasília: Líber Livro, 2008.

GHEDIN, E.; OLIVEIRA, E.; ALMEIDA, M. **Estágio com pesquisa.** São Paulo: Cortez, 2015.

GUEDES-PINTO, A. L.; GOMES, G. G.; SILVA, L. C. B. da. Memórias de leitura e formação de professores. **Coleção Gêneros e Formação.** Campinas: Mercado de Letras, 2008.

GONZÁLEZ REY, F. L. O sujeito que aprende: desafios no desenvolvimento do tema da aprendizagem na psicologia e na prática pedagógica. *In:* TACCA, M. C. V. **Aprendizagem e trabalho pedagógico.** Campinas, SP: Editora Alínea, 2008. 2. ed. p. 29-44.

GRILLO, M. O professor e a docência: o encontro com o aluno. *In:* ENRICONE, D. (org.). **Ser professor.** 4. ed. Porto Alegre: EDIPUCRS, 2004. p. 73-89.

HUBERMAN, M. O ciclo de vida profissional dos professores. *In:* NÓVOA, A. (org.). **Vidas de professores.** Porto: Porto, 1995. p. 31-61.

INNOCENCIO, N. R. **Formação do magistério de 1º grau:** reconstrução de uma política. Dissertação (Mestrado) – IESAE/FGV, 1978.

IMBERNÓN, F. **Formação Docente e Profissional:** formar-se para a mudança e a incerteza. 8. ed. São Paulo: Cortez, 2010.

JOSSO, M. C. Fecundação mútua de metodologias e de saberes em pesquisa-formação experiencial. Observações fenomenológicas de figuras de acompanhamento e novas conceituações. *In:* PASSEGI, M. da C.; ABRAHÃO, M. H. M. B. (org.). **Dimensões epistemológicas e metodológicas da pesquisa (auto)biográfica:** Tomo II. Natal: EDUFRN; Porto Alegre: EDIPUCRS; Salvador: EDUNEB, 2012. p. 113-143. (Coleção Pesquisa (Auto)Biográfica: temas transversais).

JOVCHELOVITCH, J.; BAUER, M. W. Entrevista narrativa. *In:* BAUER, M.W.; GASKELL, G. **Pesquisa qualitativa com texto, imagem e som:** um manual prático. Petrópolis: Vozes, 2002. p. 90-113.

KREUTZ, L. Magistério: Vocação ou profissão? **Educação em Revista**, Belo Horizonte, n. 3, p. 12-16, jun. 1986.

LACERDA, M. P. Por uma formação repleta de sentido. *In:* ESTEBAN, M. T.; ZACCUR, E. (org.). **Professora-pesquisadora, uma práxis em construção.** Rio de Janeiro: DP&A, 2002. p. 67-80.

LALANDA, M. C.; ABRANTES, M. M. O conceito de reflexão em J. Dewey. *In:* ALARCÃO, I. (org.). **Formação reflexiva de supervisores:** estratégias de supervisão. Porto: Porto, 1996. p. 41-59.

LARROSA, J. Notas sobre a experiência e o saber da experiência. **Revista Brasileira de Educação**, n. 19, p. 20-28, jan./fev./mar./abr. 2002.

LELIS, I. A. **A formação da professora primária:** da denúncia ao anúncio. 2. ed. São Paulo: Cortez, 1993.

LIMA, M. S. L. **Estágio e aprendizagem da profissão docente.** Brasília: Liber Livro, 2012.

MÉLLO, R. P. *et al.* Construcionismo, práticas discursivas e possibilidades de pesquisa. **Psicologia e Sociedade**, v. 19, n. 3, p. 26-32, 2007.

MENDES, B. M. M. Novo olhar sobre a prática de ensino e o estágio curricular supervisionado de ensino. *In:* MENDES SOBRINHO, J. A. C.;

CARVALHO, M. A. (org.). **Formação de professores e práticas docentes:** olhares contemporâneos. Belo Horizonte: Autêntica, 2006. p. 193-206.

MINAYO, M. C. de S. (org.). **Pesquisa social:** teoria, método e criatividade. Petrópolis: Vozes, 1994.

MIZUKAMI, M. G. N. **Processos formativos da docência:** conteúdos e práticas. São Carlos: EDUFSCar, 2005.

MOURA, M. O. de. *et al.* (coord.). **O estágio na formação compartilhada do professor:** retratos de uma experiência. São Paulo: Feusp, 1999.

MONTEIRO, F. A. *et al.* Formação docente, processos de desenvolvimento e de aprendizagens: conhecimento e práticas ressignificados pelas narrativas de formação/investigação. *In:* ABRAHÃO, M. H. M.; FRISON, L. M. B. **Práticas docentes e práticas de (auto) formação.** Porto Alegre: EDIPUCRS; Natal: EDUFRN; Salvador: EDUNEB, 2012. p. 165-181. (Coleção Pesquisa (Auto)Biográfica: temas transversais).

NÓVOA, A. Formação de professores e profissão docente. *In:* NÓVOA, A. (coord.). **Os professores e a sua formação.** Lisboa: Publicações Dom Quixote, 1992. p. 13-33.

PASSEGI, M. da C.; ABRAHÃO, M. H. M. B.; DELORY-MOMBERGER, C. Reabrir o passado, inventar o devir: a inenarrável condição biográfica do ser. *In:* PASSEGI, M. da C.; ABRAHÃO, M. H. M. B. (org.). **Dimensões epistemológicas e metodológicas da pesquisa (auto)biográfica:** Tomo II. Natal: EDUFRN; Porto Alegre: EDIPUCRS; Salvador: EDUNEB, 2012. p. 29-57. (Coleção Pesquisa (Auto)Biográfica: temas transversais).

PÉREZ GÓMEZ, A. O pensamento prático do professor: a formação do professor como profissional reflexivo. *In:* NÓVOA, A. (coord.). **Os professores e a sua formação.** Lisboa: Dom Quixote, 1992. p. 93-114.

PIAUÍ. Instituto Federal do Piauí. Campus Teresina Central. **PROJETO PEDAGÓGICO DO CURSO DE GRADUAÇÃO EM FÍSICA** – Modalidade Licenciatura. PICONEZ, S. C. B. (coord.). 24. ed. Campinas: Papirus, 2012.

PIMENTA, S. G.; LIMA, M. S. L. **Estágio e docência**. 6. ed. São Paulo: Cortez. 2011.

PINEAU, G. A tríplice aventura (auto)biográfica: a expressão, a socialização e a formação. *In:* PASSEGI, M. da C.; ABRAHÃO, M. H. M. B. (org.). **Dimensões epistemológicas e metodológicas da pesquisa (auto)biográfica**: Tomo I. Natal: EDUFRN; Porto Alegre: EDIPUCRS; Salvador: EDUNEB, 2012. p. 139-158. (Coleção Pesquisa (Auto)Biográfica: temas transversais).

PLACCO, V. M. N.; SOUZA, V. L. T. (org.). **Aprendizagem do adulto professor**. São Paulo: Loyola, 2003.

POIRIER, J.; CLAPIER-VALLADON, S.; RAYBAUT, P. **Histórias de vida**: teoria e prática. 2. ed. Oeiras, Portugal: Celta, 1999.

PONTE, J. P. da. O desenvolvimento profissional do professor de Matemática. **Educação e Matemática** – FC/UL, Lisboa, n. 31, p. 9-12, 1994. Disponível em: http://www.educ.fc.ul.pt/docentes/jponte/artigos-por-temas.htm.Formaçãoedesenvolvimento profissional. Acesso em: 16 set. 2012.

REIS, A. D. L. **O estágio supervisionado como lócus formativo**: diálogo entre professor experiente e professor em formação. 2013. 147 f. Dissertação (Mestrado em Educação) – UFPI, Teresina, 2013.

RICHARDSON, R. J. **Pesquisa social**: métodos e técnicas. 3. ed. 9. reimpr. São Paulo: Atlas, 2009.

SANTOS, G. C. **Roteiro para elaboração de memorial**. Campinas: Graf. FE, 2005.

SOUZA, E. C. **O conhecimento de si**: estágio e narrativas de formação de professores. Rio de Janeiro: DP&A; Salvador: UNEB, 2006.

SOUZA, A. V. M. **Marcas de diferença**: subjetividade e devir na formação de professores. Rio de Janeiro: E-papers, 2007.

TAYLOR, S. J. BOGDAN, R. **Introducción a los métodos cualitativos de investigación**. 1. ed. Barcelona; Buenos Aires; México: Paidos, 1987.

TARDIF, M.; RAYMOND, D. Saberes, tempo e aprendizagem do trabalho no magistério. **Revista Educação & Sociedade**, Campinas, ano 21, n. 73, dez. 2000.

TARDIF, M. **Saberes docentes e formação profissional**. Petrópolis: Vozes, 2002.

VIEIRA, F. A relação investigador-professor no contexto da investigação educacional. **Cadernos CIDInE**, n. 5, p. 23-30, 1992.

VIEIRA PINTO, A. **Ciência e existência:** problemas filosóficos da pesquisa científica. Rio de Janeiro: Paz e Terra, 1969.

WARSCHAUER, C. **A roda e o registro:** uma parceria entre professor, alunos e conhecimento. 4. ed. Rio de Janeiro: Paz e Terra, 1993.

ZABALZA, M. A. **A prática educativa:** como ensinar. Porto Alegre: Artmed, 1998.

ZABALZA, M. A. **O estágio e as práticas em contextos profissionais na formação universitária**. São Paulo: Cortez, 2014.

ZEICHNER, K. Novos caminhos para o *practicum*: uma perspectiva para os anos 90. *In:* NÓVOA, A. (coord.). **Os professores e a sua formação**. 2. ed. Lisboa: Dom Quixote, 1992.